L'aide aux auteur(e)s de violences conjugales et intrafamiliales

L'aide aux auteur(e)s de violences conjugales et intrafamiliales

SOUS LA DIRECTION DE

Vincent **LIBERT**, Anne **JACOB**
et Cécile **KOWAL**

Avec les contributions de

Clément Guèvremont
Vincent Libert, Alexandra Richir,
Fabienne Hodiaumont,
Valérie Triquoit, Frédéric Pouliart,
Daphné Stadnik,
Valérie Martin, Olivier Antoine,
Anne Jacob, Ariane Jodogne,
Patrick De Neuter

Mise en page : CW Design

D/2012/4910/45 ISBN : 978-2-8061-0082-5

Grand'Place, 29
B-1348 Louvain-la-Neuve

www.editions-academia.be

« Cet amour, c'est pour moi la relation la plus profonde, la plus vraie, à laquelle je puis participer. C'est ce qui est le plus important dans ma vie, c'est le sens de ma vie. Ce n'est pas un remède à la solitude (pas plus que quoi que ce soit puisse être), c'est une relation qui réclame une communication soutenue, une évolution constante, une passion toujours alimentée ».

Jacques BROUÉ, 1983

« Coincés par leur apprentissage, les hommes sont ainsi enfermés dans l'irresponsabilité émotionnelle. L'émotion, à leurs yeux, est due aux intentions, aux gestes, aux paroles d'autrui. Elle n'origine pas d'eux. C'est à cause des autres, prétendent-ils, s'ils perdent parfois le contrôle. Et ils ont en partie raison, puisqu'en les privant, enfants, de l'apprentissage du partage de leurs émotions, notre culture a favorisé chez les hommes une accumulation sans borne d'émotions en maintenant très réduit des soupapes de sécurité, de défoulement, non d'extériorisation. »

Jacques BROUÉ, 1989

Avant-propos

En 2012, l'asbl Praxis fête ses vingt ans. Vincent Libert, son fondateur et directeur, prend sa retraite. Une nouvelle direction en binôme se met en place[1] et certains subsides menacent de nous faire défaut pour la poursuite de nos activités. Tous ces événements sont autant d'occasions de faire le bilan de notre pratique, de notre développement et de penser à l'avenir.

En 2012, sur la région de Bruxelles-Capitale, le non renouvellement de subventions nous empêche d'y offrir nos services aux auteurs de violence conjugale prêts à se responsabiliser sans contrainte judiciaire. Dans ce contexte, le Ministre bruxellois Emir KIR, en charge de l'Action sociale et des Familles, accepte notre proposition de réaliser un travail de synthèse de notre action depuis 2004 sur Bruxelles. Pour présenter ce travail, une journée d'étude est organisée à Bruxelles le 21 septembre 2012. Elle s'intitule « Responsabiliser les auteurs de violences conjugales et familiales : regards sur une pratique bruxelloise ». Un rapport d'activité devant être rédigé en conclusion de ce travail de synthèse, Vincent Libert a l'idée d'élargir le propos et de transformer ce moment charnière de la vie de l'association en une occasion de publier un livre. De l'idée

1. Anne Jacob et Cécile Kowal assurent la direction de l'asbl Praxis dès le 1er janvier 2012. Anne Jacob assure principalement la direction des ressources humaines et les relations extérieures. Cécile Kowal assure principalement la direction clinique de l'équipe d'intervenants. Toutes deux poursuivent leur métier d'intervenante psycho-sociale et assurent l'animation d'un groupe de responsabilisation pour auteurs de violences conjugales et familiales.

à la réalisation, c'est toute une aventure! En effet, neuf mois pour réaliser le bilan de sept années d'activités sur Bruxelles, préparer une journée d'étude et en même temps faire le bilan de vingt années de développement de l'association et produire un livre suffisamment rigoureux: cela ressemblait à une mission impossible. Si vous lisez ces lignes, c'est que l'aventure s'est bien terminée: le bilan s'est transformé en livre. Vincent Libert a souvent eu le don de lancer des idées qui paraissent impossibles et de les rendre crédibles. Ainsi naît, vit et se développe un projet aussi incroyable que celui de l'asbl Praxis. Modestement, j'espère que Vincent admettra que depuis 1999, je mets toute mon énergie, à ses côtes, pou concrétiser des projets comme celui-ci. C'est donc avec crainte et passion qu'en mai 2012 j'ai accepté la coordination de l'ouvrage que vous allez lire, il devait être déposé à la maison d'édition au 1er septembre: nous avons gagné le pari!

Tandis que ma collègue Anne Jacob coordonnait une équipe qui préparait la journée d'étude, j'en coordonnais une autre qui travaillait à la rédaction d'articles.

Chaque article qui compose cet ouvrage peut être lu indépendamment des autres. Pourtant, leur ordre a été choisi pour aller du plus général au plus particulier: de la «grande» histoire de l'association à la «petite» histoire des hommes et des femmes que nous rencontrons. Vous lirez de nombreuses vignettes cliniques qui illustrent et humanisent nos propos. Tout a été mis en œuvre pour que l'anonymat et la dignité de toutes les personnes mentionnées soient préservés.

Nous aurions pu rédiger un autre livre, ou un ouvrage en plusieurs volumes tant il reste à écrire sur la problématique des violences conjugales, sur l'accueil et l'aide aux conjoint(e)s violent(e)s, sur la coopération entre services spécialisés, et bien évidemment sur les femmes, les enfants et les hommes qui subissent de la violence de la part de leur conjoint(e) ou de leur(s) parent(s). Si cet ouvrage trouve un public bienveillant et encourageant, peut-être aurons-nous, à nouveau, l'audace et le courage d'en écrire un autre. Ce livre n'est donc pas exhaustif. Nos partenaires les plus proches, comme le CVFE et

Solidarité Femmes[2], y dénicheront sans aucun doute des manques. Nous avons défini quelques grandes thématiques à vous présenter aujourd'hui : l'histoire de l'association, notre approche psycho-sociale et la méthodologie utilisée dans les groupes de responsabilisation, la description sociodémographique des usagers qui nous consultent, la persévérance des usagers dans le dispositif de responsabilisation que nous leur proposons, l'approche psychanalytique des groupes telle qu'applicable à Praxis, l'abord de la psychose dans nos groupes, les groupes pour femmes auteures de violences conjugales et familiales, l'abord de la multiculturalité dans nos groupes.

Partager sa pratique professionnelle (l'élaborer, la théoriser, l'écrire, la donner à lire, s'exposer au questionnement et à la critique, etc.) demande selon moi de l'audace, du courage, une certaine assurance ou maturité et beaucoup d'humilité. Je tire donc un coup de chapeau à tous les collègues qui se sont mis à la plume, qui y sont allés de leur expérience, de leur regard singulier et de leur rigueur théorique.

Clément Guèvremont et Patrick De Neuter entourent cette publication par leur préface et postface telles deux figures de références rassurantes ; les solliciter nous a motivés à rechercher une qualité et une certaine précision clinique dans les articles proposés. Deux hommes qui ne se connaissent pas, je pense, mais qui ont en commun une écoute affûtée, une longue expérience de terrain, et une très grande rigueur. Ils ont également en commun d'avoir supervisé notre équipe d'intervenants. L'équipe a bénéficié d'autres supervisions, de grande qualité, mais Clément Guèvremont est le premier et Patrick De Neuter le plus récent. Les inviter tous les deux à nous entourer de leurs mots est donc aussi une façon de ponctuer les vingt années de l'association. Vincent Libert et moi-même,

2. Le Collectif contre les Violences Familiales et l'Exclusion à Liège, Solidarité Femmes à La Louvière, sont deux associations spécialisées depuis plus de trente ans dans l'accueil, l'aide, l'écoute des femmes victimes de violences conjugales. Nos trois associations ont réuni leurs compétences au sein des Pôles de Ressources Spécialisées en Violences Conjugales et Familiales. Je les remercie très chaleureusement de tout ce qu'elles m'ont transmis et appris sur la problématique.

ainsi que toute l'équipe, nous les remercions chaleureusement d'avoir accepté d'être à nouveau à nos côtés dans ce livre.

Ce livre s'adresse à tous les professionnels des secteurs judiciaires et de la santé confrontés à la problématique des violences conjugales et plus particulièrement concernés par l'accueil et l'écoute des personnes qui exercent des violences sur leur(s) proche(s). Ce livre s'adresse également aux ministres compétents en charge de ces matières afin d'éclairer leurs décisions politiques. Nous voulons également nous adresser aux nombreux étudiants et services universitaires qui nous sollicitent régulièrement pour mieux comprendre notre métier, notre service et nos usagers. J'espère qu'à travers la découverte de notre association et de notre approche groupale nous parviendrons encore mieux à unir nos forces et nos motivations pour travailler ensemble, dans l'avenir, à la prévention des violences, à la protection des victimes et à l'aide aux auteurs.

Cécile Kowal, 2012[3]
Co-directrice de l'asbl Praxis en charge
de la direction clinique

3. Cécile Kowal est licenciée en psychologie sociale depuis 1991. Elle a été formée à la dynamique des groupes et à l'approche psychanalytique. Elle a rejoint l'équipe de Praxis en 1999.

Préface

Vincent Libert, Patrick Fonck et Cécile Kowal comptent je crois parmi mes plus vieux compagnons de route en Belgique. C'est en fait depuis le début des années 2000 que nous marchons tantôt ensemble, tantôt en parallèle sur des chemins qui mènent dans la même direction, à savoir venir en aide aux auteurs de violence conjugale et familiale afin de permettre l'émergence de rapports pacifiques et égalitaires entre les hommes et les femmes.

Les quatre, nous nous sommes connus dans le cadre de formations portant sur « le travail de responsabilisation auprès des auteurs de violence » que je donnais en France avec mon collègue décédé depuis lors, Jacques Broué. Le premier à avoir été influencé par notre lecture systémique et psychodynamique de la violence conjugale et familiale fut Patrick Fonck. Je me rappelle de son intérêt à connaître nos stratégies pour créer un lien avec un individu qui vient nous voir dans un contexte d'aide contrainte.

Vincent Libert a lui aussi participé à nos formations et je fus impressionné par sa capacité à faire des liens entre la problématique des toxicomanes et des auteurs de violence conjugale et familiale et de la nécessité de questionner le symptôme de la toxicomanie qui dans plusieurs cas faisait obstacle à l'apparition du symptôme de la violence conjugale. Il était un innovateur social; il voyait très bien que la violence faite aux femmes et aux enfants nécessitait la mise en place d'une vaste coalition des hommes et des femmes de bonne volonté qui voulaient apporter une réponse concertée à un problème social et humain complexe.

Cécile Kowal s'est elle aussi jointe à nos formations et j'ai pu profiter de la justesse de ses analyses concernant les dynamiques conjugales où l'on retrouve de la violence. Nous avions un langage commun qui recoupait des hypothèses cliniques qui se complétaient. Ce fut un réel plaisir de coanimer des sessions de formations où nous pouvions exposer nos pratiques à la fois similaires et différentes.

Les conférences

Option fut invitée à donner une série de conférences qui s'adressaient aux différents acteurs belges francophones, partenaires des plans nationaux en matière de violence faite aux femmes, de la formation des magistrats et des policiers, des coordinations des cinq provinces francophones et de la région bruxelloise, du Réseau REV et des pôles des ressources spécialisées. Au terme de ces conférences, Praxis a pu se positionner face à tous ces partenaires institutionnels et nous avons été sensibilisés à la complexité belge. Contre quelques bières et des chansons de Jacques Brel, nous avions plusieurs questions à poser à nos amis belges qui rejoignaient nos questions sur notre identité comme Québécois.

Les conférences ont suscité un tel intérêt professionnel que nous avons été invités à donner un cycle de formation qui s'orientait autour de trois niveaux :

Niveau I : La problématique de la violence conjugale

Niveau II : Le suivi individuel et de groupe et le travail de responsabilisation

Niveau III : La prévention de la fatigue de compassion.

Ces formations ont permis à Praxis de sensibiliser les professionnels de la Justice et de se constituer un réseau de référents.

La supervision

Le travail de supervision auprès des intervenants de Praxis a donné lieu à des échanges fructueux qui ont permis de clarifier plusieurs questions tant politiques, éthiques, déontologiques que cliniques. Une attention particulière fut accordée au travail de groupe de responsabilisation dans un contexte d'aide contrainte et à l'impact sur les intervenants de porter l'absence de demande de changement. Nos collègues belges nous ont grandement impressionnés par leur volonté affirmée de mettre en place un réseau d'entraide, car c'est l'une des ressources de base pour prévenir l'apparition des symptômes liés à la fatigue de compassion. Une organisation qui ne se préoccupe pas de la santé de ses employés peut difficilement accompagner les auteurs de violence.

Les stages

Plusieurs intervenants de Praxis ont eu la possibilité de venir en stage à Option pour observer en direct les séances de thérapie de groupe. Ce fut l'occasion de discussions profondes sur nos valeurs et notre engagement auprès des auteurs de violence conjugale. Les intervenants belges ayant une connaissance certaine des différents dialectes belges, ils ont pu s'adapter à la langue québécoise. Au-delà de la langue, nous avons pu partager nos cartes familiales, nos vulnérabilités particulières et notre résilience.

Ces stages ont permis de développer des amitiés profondes, durables et respectueuses de nos différences.

Innovation sociale

Lors de nos différents séjours en Belgique, nous avons été frappés par les innovations sociales mises en place par nos collègues belges pour mener des actions concertées. La mise en place des « pôles de ressources spécialisées » nous a fortement impressionnés car nous y avons décelé une volonté réelle de pouvoir partager différentes lectures concernant la violence faite aux femmes et aux enfants et ce, dans le but « d'écrire un nouveau langage commun ». Si nos collègues belges réussissent ce tour de force, ils vont devenir un point de référence pour tous les intervenants œuvrant auprès des hommes, femmes et enfants.

En produisant ce livre, les intervenants de Praxis nous font part de ce qui est à la base de leur démarche, de ce qui constitue leurs croyances profondes et qu'on peut observer comme fil conducteur de leurs actions au travers des années d'implication auprès des hommes en difficulté. Conscients de la difficulté relative de mobiliser les hommes, ils se sont investis auprès d'hommes pour changer leur attitude de domination, de possession et de contrôle qu'ils réprouvaient pour développer des rapports différents et égalitaires.

Au fil des années, Vincent, Patrick, Cécile et tous les intervenants qui se sont joints à cette belle aventure ont cheminé et, progressivement, formulé un projet différencié et clair qui constitue une contribution de grande valeur, qu'ils ont eu le souci de faire partager à tous dans cet ouvrage. Je les ai suivis ; tantôt d'assez près, tantôt d'un peu plus loin, mais j'ai été témoin de leur périple tout au long et dans un contexte du départ de l'un des membres fondateurs, Vincent Libert, je ne peux que les féliciter et les remercier de m'avoir invité à participer à cette grande aventure qui a permis l'émergence de nouvelles idées et des plans d'action concertés.

Acceptez mon respect et longue vie à Praxis, à Vincent, merci pour ton amitié et bonne continuation.

Clément Guèvremont, 2012
Thérapeute conjugal et familial, thérapeute de groupe, formateur-superviseur, directeur à Montréal du service *Option : une alternative à la violence conjugale et familiale*

Praxis et le travail de responsabilisation auprès des auteurs de violences conjugales et intrafamiliales

Vincent LIBERT, fondateur de l'asbl Praxis[1]
(avec la contribution d'Alexandra Richir)

RÉSUMÉ

Après avoir retracé l'historique de Praxis et l'avoir situé sur le plan institutionnel et dans les dispositifs fédéral et wallon de lutte contre les violences entre partenaires, l'auteur trace les fondements du travail de responsabilisation des auteurs de violences conjugales et intrafamiliales tel que développé par Praxis. Une vignette clinique soutient et illustre ce développement.

Mots-clés: responsabilisation - travail avec la contrainte - travail de groupe - vignette clinique

1. Vincent Libert est assistant social et détient une maîtrise en sciences sociales appliquées au travail, ainsi que diverses formations complémentaires (analyse systémique, analyse multidimensionnelle du travail social, alcoologie, interventions en violences conjugales et intrafamiliales...). Après vingt années de travail avec des personnes pharmacodépendantes, il a créé Praxis qu'il a dirigée jusque fin 2011. Actuellement, il assure des supervisions d'équipe et des formations.

1 Le cadre institutionnel

Nous avons choisi de vous présenter notre cadre institutionnel, d'une part à travers l'historique de notre association et ses évolutions successives et d'autre part à travers la constance de ses valeurs et options éthiques.

1.1. *Toxicomanies et monde carcéral*

L'idée de Praxis naît vers la fin des années 1980. Nous étions plusieurs collègues à travailler (ou avoir travaillé ou avoir soutenu le travail) depuis parfois plus de vingt ans, dans un centre résidentiel pour personnes pharmacodépendantes à Malmedy (« Les Hautes-Fagnes »).

L'idée de créer une nouvelle structure résidentielle pour la prise en charge de « toxicomanes en lien avec la Justice » rencontre les intérêts professionnels et personnels de plusieurs d'entre nous, ainsi que les enjeux stratégiques de la direction des « Hautes-Fagnes ».

Vincent Libert et Patrick Fonck créent en 1992 l'asbl Praxis, avec l'aide d'une petite dizaine de personnes, professionnels de la santé, de l'aide sociale, magistrat, avocat et hommes d'affaires.

Leur intention affirmée est de créer une structure qui offre des soins à l'articulation des mondes de la Justice et de la santé[2].

L'asbl Praxis reçoit une aide substantielle de la part des « Hautes-Fagnes » qui permet l'embauche à mi-temps de Vincent Libert, chargé de la rédaction du projet et de la négociation avec les pouvoirs financeurs.

Deux ans de travail et de négociation ne permettent pas d'aboutir à un résultat concret.

Parallèlement à ce travail d'élaboration et de lobbying, Praxis reprend à son compte des activités de prévention des

2. Cette intention est déjà énoncée explicitement dans nos statuts fondateurs en 1992.

pharmacodépendances en milieu carcéral, menées depuis la fin des années 1980, conjointement par les « Hautes-Fagnes » et par l'Aide Verviétoise pour les Alcooliques et Toxicomanes (AVAT). Une manière de rencontrer malgré tout la population visée : « Si nous ne pouvons vous recevoir dans la structure imaginée, nous irons vous rejoindre là où vous êtes, soit en prison ».

Le travail en milieu carcéral se poursuivra de 1992 à 2002, d'abord en Belgique francophone (programme PEGGY à la prison de Verviers[3]), puis avec des fonds européens sur l'espace transfrontalier Rhin-Meuse-Moselle (Région du Grand Est de la France, le Grand-Duché de Luxembourg, la Belgique francophone, le Limbourg néerlandais) avec la création du réseau TIMC[4] (qui a développé ses activités entre 1994 et 2001), et au Grand-Duché de Luxembourg (où Praxis disposait d'une antenne en 2001 et 2002).

Cette période très riche en réalisation de diverses natures (travail clinique avec des toxicomanes incarcérés, formations de professionnels pénitentiaires et extra-pénitentiaires, soutien au développement de projets locaux, animation d'un réseau transfrontalier multiprofessionnel, participation à une (re)définition de la politique pénitentiaire en matière des pharmacodépendances) a été pour Praxis l'occasion de mettre en œuvre plusieurs de ses valeurs : la lecture systémique (Penser

3. « Le Programme Peggy : prévention des toxicomanies en milieu carcéral », *Thérapie Familiale*, vol. 20, n° 1, 1999, pp. 81-99 : article primé en raison de son caractère novateur.

4. Toxicomanies et Interventions en Milieu Carcéral, accompagné sur le plan scientifique par Jean-Yves Trepos, professeur de sociologie à l'Université de Metz. Pour une présentation synthétique, voir « Mailles - 10 années de travail transfrontalier en milieu carcéral ».
Une thèse de sociologie a été soutenue en France en décembre 2006, sur la base du travail effectué par Praxis et ses partenaires en milieu carcéral. Elle choisit notamment de considérer ces initiatives comme des « innovations », dont elle suit la propagation et les transformations à l'échelon centre-européen. Voir Stupka C., *Innovations et travail ordinaire dans la prise charge des problèmes de produits psychoactifs en prison (en Belgique, en France, au Luxembourg et aux Pays-Bas)*, Thèse de sociologie, réalisée sous la direction de Robert Maier (professeur à la Rijksuniversiteit Utrecht), Université Paul Verlaine - Metz, 2006.

globalement pour agir localement), le décloisonnement des mondes professionnels entre autres pénitentiaires et extra-pénitentiaires, la recherche de modes de travail coopératif plutôt qu'exclusif.

Ceci s'appuie sur un paradigme : celui du respect de la personne toxicomane comme sujet de droit et de la prison actuelle comme un lieu où les cloisonnements, et les tensions de rôles qui en découlent, favorisent le développement des pharmacodépendances[5].

Nous voulions ainsi affirmer que la prison n'est pas une solution pour les personnes pharmacodépendantes, et qui plus est, dans son organisation actuelle favorise plutôt ces dépendances même pour ceux qui au départ ne sont pas concernés.

Nous avons cherché à montrer et à ouvrir d'autres voies. Mais nous avons été peu suivis. Un membre français du réseau transfrontalier proposait comme slogan du réseau une citation de Scott Fitzgerald : « On devrait comprendre que les choses sont sans espoir, et cependant être décidé à les changer ». Praxis s'est souvent reconnue dans cette formule.

1.2. *Les Mesures Judiciaires Alternatives*

En 1994, la publication de la loi portant sur l'organisation des Mesures Judiciaires Alternatives ouvre une nouvelle perspective. Praxis dépose un projet de « formation socio-éducative » en groupe (quarante-cinq heures), visant les « auteurs de violences associées à la consommation de produits psychotropes »[6].

Ce projet sera accepté par le ministre de la Justice. La première convention annuelle est signée et les premières embauches auront lieu fin 1995. L'équipe prend corps (quatre

5. Nous nous inspirions de Winick Ch., « La dépendance : une théorie basée sur les rôles sociaux, l'accessibilité des drogues et les attitudes à leur égard », *Psychotropes*, vol. 1, n° 2, 1983.

6. Une autre offre de groupes destinés aux « consommateurs problématiques de produits psychotropes » (vingt heures) a aussi été mise en œuvre jusqu'en 2000.

professionnels sont engagés) et s'installe à Verviers (entre 1995 et 2001).

La mission est déjà double : animer des groupes pour auteurs de délits et sensibiliser les professionnels de la Justice.

Après le travail en milieu carcéral, où nous avions travaillé à tenter le décloisonnement des mondes pénitentiaires et médico-sociaux, nous voyons là un moyen d'affirmer clairement notre intention de travailler à l'articulation des mondes de la Justice et de la Santé.

Nous sommes à l'aube d'un nouvel âge : celui que les sociologues et les philosophes désignent sous « post-modernisme ». La recomposition du lien social y promeut de nouveaux dispositifs, entre autres ceux qui accordent une place plus grande à la négociation des valeurs et des comportements. Ce serait aussi le cas de la Justice, que certains voient plus comme négociée qu'imposée. D'où les divers dispositifs de médiation mis en place, entre autres par la Loi de 1994, sur les mesures judiciaires alternatives.

Antoine Garapon[7], qui anime en 1992 un des premiers séminaires de Praxis, soutient « l'émergence d'une justice qui ne soit pas violente avant tout ». Une justice qui donne la parole au justiciable, qui cherche le sens de l'acte délictueux et préconise une réponse sociale réparatrice de cet acte, plutôt que strictement punitive. Praxis trouve là un cadre de pensée stimulant, qui allie la sanction[8] et l'ouverture d'un espace de parole qui prévient la récidive et répare le mal commis. Praxis s'inscrit ainsi dans le courant de cette justice réparatrice.

Ce contexte particulier nécessite pour Praxis de développer des compétences particulières, celles liées à l'intervention avec la contrainte.

7. Magistrat français. À l'époque, il dirige l'Institut des Hautes Études sur la Justice. Il avait publié un article qui avait retenu notre attention : « Le toxicomane, sujet de droit ? » où il développait une réflexion sur la philosophie du droit appliquée aux toxicomanes.

8. Dans son sens premier, renvoie à « consécration, confirmation considérée comme nécessaire » selon *Le Petit Larousse*, 1989. En ce sens, la sanction confirme, d'abord, que tel fait s'est bien passé.

La notion de contrainte est étroitement liée à Praxis, mot d'origine grecque qui signifie action, mouvement[9].

Il est de notre responsabilité de développer des compétences professionnelles à travailler avec des usagers[10] qui ne sont pas, d'abord, porteurs d'une demande de changement.

C'est un tiers (un magistrat) qui a défini un état de besoin chez telle personne (« Je veux que vous vous occupiez de votre violence »). A priori, cette personne ne fait que porter cette commande, et elle nous l'apporte : « le juge m'a dit de venir vous voir ».

Comment ne pas nous laisser entraîner à porter la contrainte à sa place, mais plutôt de la maintenir comme un élément de tension qui permette d'ouvrir la parole sur ce qui l'a construite, pour le juge, pour la victime, pour l'auteur. C'est là tout l'enjeu de notre travail, et c'est pourquoi nous préférons parler de travail avec la contrainte plutôt que sous la contrainte.

1.3. *Les auteurs de violences conjugales*

Au tournant du siècle, nous constatons que 34 % des participants à nos groupes pour « auteurs de délits associés à la consommation de produits psychotropes » ont commis des faits de violence sur la scène conjugale ou familiale, souvent sous intoxication alcoolique.

Par ailleurs, nous constatons qu'aucun service ne s'est déjà spécialisé dans leur accompagnement en Belgique franco-

9. Le mot *Praxis* a pu revêtir plusieurs sens : mot d'origine grecque signifiant mouvement, changement. Après Marx et Engels, certains courants marxistes l'emploient pour désigner toute action pour changer le monde. D'autres l'ont employé pour opposer dans un rapport dialectique théorie et pratique. Sartre, dans *Critique de la raison dialectique, I* (Paris, Gallimard, 1960) oppose la « *praxis institutionnelle* » comme mouvement instituant, au « *pratico-inerte* », comme institution figée (« *réifiée* »), l'employait pour désigner la volonté restée libre d'un homme sous la contrainte. C'est ce dernier sens qui nous l'a fait choisir en 1992.

10. Nous emploierons le vocable « usager » pour désigner celui ou celle qui s'adresse à nos services pour s'inscrire dans un processus de responsabilisation. Le « client » ou « commanditaire » désigne, l'assistant de Justice ou le magistrat (ou tout autre professionnel du secteur psycho-médico-social) qui nous adresse un usager.

phone. Nous voyons là une opportunité de donner à notre association une identité propre. Nous décidons donc d'orienter progressivement notre offre de services vers ces auteurs.

Pour assurer cette « reconversion », nous nous formons auprès de OPTION[11], et en 2001, nous animons notre premier groupe d'auteurs de violences conjugales et intrafamiliales.

Depuis, et progressivement, nous avons modifié notre offre de service pour aboutir aujourd'hui à ne plus animer que des « groupes de responsabilisation pour auteurs de violences conjugales et intrafamiliales ».

Si notre implication dans l'accompagnement d'auteurs de violences conjugales et intrafamiliales a eu des incidences sur diverses dimensions de notre système de représentation du travail en groupe, nous avons toujours pu nous appuyer sur le même système de valeurs.

La notion de responsabilisation est restée centrale[12] :

- le contenu du concept de « responsabilisation » est clarifié pour nous, pour les participants et pour les commanditaires[13] ;
- elle a introduit l'appropriation de la contrainte comme un objectif du travail de groupe ;
- elle a induit la compréhension des étapes de changements[14] : il nous faut apprendre à marcher au rythme du bénéficiaire pour le faire progresser au stade de change-

11. « Option, une alternative à la violence conjugale » (www.option@cooptel.qc.ca) a largement inspiré notre travail tant sur les aspects méthodologiques qu'éthiques. Nous bénéficions aujourd'hui encore de leur large expérience, via des journées de supervision ou des stages dans leur institution.

12. Cette appellation a renvoyé dos à dos la « formation socio-éducative » et la « thérapie » : nous ne prétendons opérer ni du transfert de connaissance, ni un travail (ré)éducationnel, ni de la thérapie. Cependant, nous ne nions pas que notre travail de responsabilisation ait valeur thérapeutique pour certains de nos usagers. Mais nous leur laissons à eux seuls le soin de qualifier ainsi ce qu'ils ont réalisé à notre contact.

13. Voir plus loin dans cet article les cinq points de l'engagement dans le paragraphe intitulé « L'entrée dans le groupe de responsabilisation ».

14. Voir plus loin dans cet article le modèle transthéorique du changement de Proschaska et Di Clemente.

ment suivant, employer des méthodes adaptées au stade de changement auquel il se trouve, maîtriser une grande variété de méthodes de changements et travailler sur les avantages au changement.

1.4. *Les auteurs « volontaires »*

En 2004, nous obtenons une subvention de la ministre fédérale en charge de l'Égalité des Chances pour tenter une expérimentation d'une durée de trente-six mois, sur la Province de Liège et la Région de Bruxelles-Capitale : ouvrir nos services à des auteurs de violences conjugales ou intrafamiliales, en dehors de toute contrainte judiciaire. Ce sont ceux que nous appelons « volontaires ».

Outre les cabinets des ministres fédéraux successifs de l'Égalité des Chances (Marie Aréna, Christian Dupont, Joëlle Milquet) qui financent cette expérimentation via l'Institut pour l'Égalité des Femmes et des Hommes, nous obtenons l'appui de la Ville de Liège (via l'atelier « victimes » du Contrat de Prévention) et de la Ville de Bruxelles (via l'échevin de l'Égalité des Chances, Bruno Delille) qui financent deux campagnes d'affichage « grand public ».

Les résultats ne se sont pas fait attendre. Bon an, mal an, ce sont de cent cinquante à deux cents auteurs « volontaires » (hommes ou femmes) qui s'adressent à Praxis.

Si certains d'entre eux s'adressent à nous à la suite d'une prise de conscience personnelle du caractère inacceptable de leurs actes, beaucoup viennent suite à une crise particulièrement aiguë qui les déstabilise provisoirement (par exemple une intervention policière), ou encore sous la menace de séparation de leur partenaire qui les somme de s'occuper de leurs violences.

Pour beaucoup d'entre eux, la contrainte est bien présente. Et nous les intégrons assez aisément dans le dispositif de groupe existant.

1.5. *Notre positionnement institutionnel*

Cette évolution institutionnelle a nécessité en outre une clarification de notre positionnement institutionnel eu égard à la nouvelle problématique traitée et afin de développer ce travail et soutenir un cadre de référence solide.

Celui-ci s'inspire de plusieurs sources, dont « OPTION, une alternative à la violence conjugale » à Montréal.

- la loi doit être dite : la violence conjugale et intrafamiliale est un acte criminel ;
- la violence conjugale est une construction psychologique et sociale : le recours aux conduites d'agression demeure un choix individuel ;
- un individu n'est pas violent en soi, mais il manifeste de la violence dans tel contexte ou telle interaction particulière ;
- tout adulte impliqué dans une situation de violence conjugale et intrafamiliale est responsable de sa propre sécurité et de ses conduites d'agression.

2 Praxis aujourd'hui, quelques données chiffrées

Praxis[15] développe aujourd'hui son travail à l'intersection de trois plans d'action :

- la Loi de 1994 qui organise les Peines et Mesures Judiciaires Alternatives ;
- les Plans d'Actions Nationaux successifs contre les violences faites aux femmes (depuis 2000), dont la mise en œuvre est assurée par l'Institut pour l'Égalité entre les Femmes et les Hommes et supervisée par le ministre Fédéral en charge de l'Égalité des Chances ;
- le Dispositif wallon de lutte contre les violences faites aux femmes qui soutient nos actions en direction des auteurs hors mandat de Justice en Wallonie et nos activités de

15. Pour plus d'informations, voir notre site www.asblpraxis.be

formation des professionnels wallons dans le cadre des « Pôles de ressources spécialisés en violences conjugales et intrafamiliales »[16].

Depuis 2007, Praxis dispose de trois implantations : une par ressort de Cour d'Appel, soit chronologiquement, Liège (1995), Bruxelles (2004) et La Louvière (2007).

2.1. *La rencontre avec nos usagers*

En 2011, nous avons accompagné plus d'un millier d'auteurs, soit 837 sous mandat de Justice 272 « volontaires » sur la Région Wallonne.[17]

Chaque semaine nous animons treize groupes ouverts (deux heures hebdomadaires) et en moyenne dix groupes fermés (six journées de sept heures)[18].

Chaque professionnel consacre en moyenne, sur une base annuelle, près de 450 heures « en face à face » avec des auteurs de violences conjugales et intrafamiliales[19].

2.2. *Le financement*

Le SPF Justice finance environ 80 % de notre budget dont les emplois de 13,53 ETP.

La Région Wallonne finance les 20 % restants et les emplois de plus de 4 ETP.

Depuis 2004, la Région Bruxelloise n'a pas trouvé les moyens de financer l'accompagnement des « volontaires »

16. Voir le site www.violencesconjugales.be

17. Seuls vingt-neuf nouveaux dossiers volontaires ont été ouverts en 2011 à Bruxelles car le non renouvellement des subsides d'abord annoncé au second semestre 2011 puis reporté en 2012, mettait trop de doute sur notre capacité à bien encadrer ces demandes non judiciarisées.

18. Pour la distinction entre ces types de groupes, voir plus loin dans l'article le paragraphe intitulé « L'entrée dans le groupe de responsabilisation ».

19. Pour une description de cette population et de son devenir au sein de notre service, se référer dans ce même ouvrage à l'article de Fabienne Hodiaumont.

à Bruxelles. Certaines années, c'est le Fédéral, via l'Institut pour l'Égalité des Femmes et des Hommes qui a suppléé à ce manque.

Ces divers financements couvrent également les frais généraux de l'association.

Les recettes générées par les activités de consultation et de groupe (pour les « volontaires ») ainsi que celles générées par les activités de formation de professionnels sont réinvesties dans la formation continue (en matière de violences conjugales et intrafamiliales, d'animation de groupe…) du personnel de Praxis.

2.3. *La composition de l'équipe*

À l'été 2012, l'équipe se compose de dix-neuf animateurs/formateurs (onze femmes et huit hommes), la plupart de formation universitaire (psychologue et/ou criminologue), ainsi que de deux secrétaires et deux comptables réparties sur les trois antennes.

3 Le cadre de travail : finalités et aspects méthodologiques

La situation la plus habituelle est celle d'un homme qui nous contacte, sous une injonction judiciaire, suite à des violences commises sur sa partenaire. Il les banalise (voire les dénie), les minimise, les justifie.

En prenant cette position, que nous dit-il ? Qu'il est victime d'une erreur judiciaire, victime de toutes ces femmes qui font la pluie et le beau temps (en politique, à la Police, au palais de Justice…), victime de sa femme qui ne le comprend pas, qui le provoque, qui est une alcoolique, etc. En un mot, il ne se sent pas porteur d'un problème par rapport aux violences. S'il vient chez nous, c'est pour éviter des ennuis supplémentaires : si la Justice voit qu'il fait des efforts, elle le laissera en paix.

La situation n'est pas très différente pour un homme qui s'adresse à nous hors contrainte judiciaire. Lui aussi va banaliser, minimiser ou justifier ses actes de violence.

Alors pourquoi vient-il nous consulter ? Très souvent, c'est pour éviter des ennuis supplémentaires, pour que Madame partie chez amis, dans la famille ou dans un refuge, revienne au domicile. Le bénéfice attendu par lui est de retrouver sa partenaire, pas d'abord de changer.

Le point de départ de notre travail se situe très souvent là : « je n'attends rien de vous, si ce n'est éviter d'avoir des ennuis supplémentaires ».

Et c'est avec cette demande minimale-là que nous devons commencer notre travail.

3.1. *Entendre, écouter, comprendre, donner du sens*

Le travail que propose Praxis s'inscrit dans un contexte socio-judiciaire dans le parcours de vie de ceux qui nous consultent, dans une histoire personnelle de la violence.

S'adresser à Praxis constitue une expérience singulière dans ce contexte, ce parcours et cette histoire de la violence.

Il nous faut entendre ce qui est dit dans ces premiers contacts : comment les personnes se présentent-elles à nous ? Comment expliquent-elles leur démarche ? À qui se réfèrent-elles ? Qui font-elles intervenir ?

Il nous faut aussi écouter au-delà des mots, réagir à ce qui est montré, interroger pour ouvrir sur d'autres mots, pour engager sur une voie singulière : la prise de parole plutôt que la mise en acte.

Comprendre (dans le sens de « prendre avec »), soit rapprocher mots, actes, silences, absences, abstentions : créer du lien entre eux pour faire apparaître le sens des mots et des actes. C'est toute la finalité de notre travail.

Donner du sens à la violence est un travail sans fin que nous sommes souvent les premiers à initier avec ceux et celles qui nous contactent.

Le souci des professionnels de Praxis est d'amener chacun le plus loin possible sur ce chemin du sens à donner aux actes de violence. Comme nous le verrons plus loin, nous avons défini une étape incontournable de ce chemin : celle de la responsabilisation.

Telle est notre mission principale : engager les auteurs à ce travail d'ouverture dans un processus de changement.

Si nous définissons ainsi la finalité principale et l'objectif prioritaire de notre travail, si nous en acceptons les limites et soulignons les potentialités, il s'agit que les usagers les acceptent eux aussi.

L'acceptation de l'engagement dans un processus de responsabilisation est une affaire personnelle pour chacun(e) de nos usagers.

C'est une affaire de moment dans leur vie (« l'instant T ») mais c'est aussi une affaire de moment (au sens de la physique, soit la résultante de forces divergentes ou parfois contraires).

C'est une affaire de rapport entre les coûts prévisibles et les bénéfices escomptés. La transaction entre le consultant et Praxis porte sur quatre dimensions de coûts :

- financiers (pour les hors mandats de Justice : 15 €/entretien et 105 € pour quarante-deux heures de travail en groupe, pour les personnes sous mandat de Justice : la participation est sans frais), et il peut y avoir des coûts occultes (« quand je viens ici je ne travaille pas, donc je perds de l'argent ») ;
- physique (se déplacer à heure et à temps) ;
- psychologique (« qu'est ce que cela me renvoie comme image de moi ? ») ;
- sociologique (« que vont penser de moi les autres, les collègues, les amis, la famille... »).

Cette balance coûts/bénéfices va évoluer au fil du temps et donc l'investissement peut être engagé, postposé, ou précipité.

Notre travail peut donc prendre des formes différentes : au téléphone, en entretiens individuels, en groupe, en relation avec d'autres professionnels.

Ces diverses formes vont se modeler en fonction de la disponibilité, des besoins et des nécessités de chacun que nous avons à connaître.

3.2. *Pourquoi privilégier le travail de groupe ?*

La violence isole. Que ce soit les victimes, les enfants exposés, l'entourage... et les auteurs. Souvenons-nous qu'une des premières campagnes de sensibilisation du grand public avait pour signature « Brisez le silence... avant qu'il ne vous brise ! »

Bon nombre d'usagers qui nous consultent redoutent de devoir parler de leurs violences dans un groupe et préféreraient opter pour un travail individuel.

En proposant un travail en groupe, Praxis poursuit un objectif précis : réintroduire du collectif dans une dynamique qui cloisonne, isole, exclut.

Certes, c'est un chemin difficile.

Mais le groupe se veut un lieu de (re)socialisation sécurisante pour des personnes présentant des passages à l'acte fréquents ainsi qu'une faible capacité d'introspection. Le groupe présente plusieurs avantages : le soutien des pairs, la confrontation aux autres et l'expérimentation de nouveaux modes de comportements (par exemple apprendre à dire plutôt qu'à agir).

Par ailleurs, le groupe permet un travail à trois niveaux :

- personnel : la personne face à elle-même, ses croyances, ses valeurs, ses représentations de soi, des autres, de la violence... ;
- relationnel : la personne face aux autres (les relations de pouvoir, de contrôle, de séduction...) ;
- familial : le groupe comme une métaphore de la famille (la place que je prends, celle que l'on m'accorde, les alliances...).

Le groupe permet une approche concrète et observable. Il s'y noue des alliances, des tensions, des conflits, des rapports de force qui sont des illustrations de la manière dont chacun entre en relation avec les autres.

Il invite à construire des parallèles entre ce qui se passe « ici et maintenant », et ce qui se passe « quand je suis en société », et bien sûr dans le couple ou dans la famille. En ce sens, il permet de se représenter la place et le rôle de chacun dans une structure familiale (ou conjugale).

Il permet enfin d'explorer des dimensions plus personnelles de l'histoire individuelle : non pas sur le seul discours de la personne, mais aussi en lien avec ce qu'il dévoile de lui dans le groupe. Celui-ci aide les participants à dévoiler les actes de violences commis. Beaucoup de nos participants nous disent : « Je n'ai jamais parlé de moi, comme ici dans ce groupe ».

Il nous faut cependant nuancer cette position de base : il nous arrive de proposer et mettre en place un suivi individuel en lieu et place de la participation à un groupe.

Trois cas de figure peuvent se présenter :

- les femmes auteures de violences sur leur conjoint et/ou leurs enfants qui n'ont pas accès à un groupe de femmes auteures[20] ;
- les hommes pour qui nous craignons que le groupe ne soit trop confrontant (en gros des personnes dont la fragilité psychologique serait mise à mal par le groupe) ;
- les hommes, au contraire, dont nous craignons que les traits psychopathiques ou pervers ne fassent « exploser » le groupe ou rendent son développement insécurisant pour les autres participants. Mais ces hommes-là n'accrochent que très difficilement avec un processus de changement quel qu'il soit.

Ce sera au cours des premiers entretiens que se négociera l'entrée dans un groupe, ou un suivi individuel, voire (et c'est très rare) une réorientation vers un autre service.

20. Exception faite d'un groupe que nous avons animé à Bruxelles et dont l'article de Valérie Martin et Olivier Antoine rend compte par ailleurs.

Sur l'ensemble de suivis en 2010, nous avons proposé un suivi individuel à une dizaine de personnes (dont la moitié de femmes).

3.3. *Travailler avec la contrainte*

On l'aura compris, dans la plupart des cas, la personne qui s'adresse à Praxis le fait en raison de ce qu'un tiers a défini chez elle un état de besoin. Qui peut être ce tiers ? Il peut s'agir d'un policier, un magistrat, un(e) assistant(e) de Justice, un médecin, un travailleur de service social, mais aussi le/la partenaire, un ou des proches de la famille ou du réseau de relations sociales.

En substance, ce tiers lui dit: « Vous avez un problème avec la violence dont il faudrait que vous vous occupiez. Allez donc voir à Praxis ». La personne vient donc déposer à Praxis la demande d'un tiers (pas la sienne) et elle attend de Praxis que nous traitions la demande du tiers (mais pas la sienne puisqu'elle n'en a pas, ou du moins pas celle-là).

Le sens du travail avec la contrainte consiste à tenter de faire émerger, chez l'usager, l'expression d'une demande personnelle par rapport à la violence. Non pas, comme on l'a vu plus haut, pour satisfaire la demande d'un juge ou d'un(e) assistant(e) de Justice ou d'un proche (« pour que ma femme revienne »), mais pour qu'il s'approprie l'injonction qui lui est faite de s'occuper de la question de la violence dans ses rapports avec son entourage proche.

L'appropriation doit donc porter, non pas sur la forme, mais sur le fond: « En quoi est-ce que la violence peut bien poser problème dans mes relations... ? ».

Pour ce faire, Praxis doit se situer en dehors de la contrainte, mais sans jamais l'oublier. C'est pourquoi nous préférons dire « travailler avec la contrainte » plutôt que « travailler sous la contrainte ».

Nous ne pouvons pas faire comme si les personnes venaient porteuses d'une demande: nous nous découragerions très vite.

Nous ne pouvons jamais oublier que notre métier est de les aider à s'approprier la question qui leur est posée, et de voir avec nous comment cette question se pose à eux, comment elle leur fait écho, ce qu'ils peuvent en faire aujourd'hui.

Développer un travail de cette nature demande beaucoup d'efforts de la part des professionnels qui relèvent ce défi. En effet, les professionnels ont été formés à travailler à partir de la demande des usagers. Or, ils sont sollicités afin de travailler suite à la « demande » d'un tiers.

Pour guider nos professionnels confrontés à des usagers qui, d'abord, ne demandent rien pour eux, nous avons examiné les processus de changement.

3.4. *Le modèle transthéorique du changement*

Proschaska et di Clemente, des chercheurs américains, ont mis en évidence que les processus de changement comportent cinq stades :

- la pré-contemplation : les personnes sont dans le déni, la minimisation. Pour elles, il n'y a rien à changer. « Je ne vois pas l'intérêt de centrer l'attention sur la violence dans ma relation » ;
- la contemplation : les personnes reconnaissent qu'il y a un problème, elles en recherchent les causes, mais ne font rien pour changer. « Je commence à me rendre compte que la violence est un problème dans ma relation » ;
- la préparation : les personnes ont l'intention d'agir à court terme et initient des actions ;
- les actions : les personnes réalisent des actions vers le changement « Je travaille activement à mettre fin à la violence dans ma relation » ;
- le maintien : les personnes vont chercher à maintenir le changement et éviter les « rechutes ». « Même si je n'ai pas été violent depuis un certain temps, je sais qu'il est possible que je le devienne à nouveau ».

Le bon sens et l'expérience nous enseignent que le changement n'est pas linéaire : il est fait d'allers et de retours. Churchill ne disait-il pas : « Arrêter de fumer est la chose la plus facile qui soit. Je l'ai fait quarante fois dans ma vie » ?

Proschaska et Di Clemente ont ainsi mis en évidence que les processus de changement évoluent en spirale. Selon eux, il serait nécessaire de passer jusqu'à sept fois par les mêmes stades pour qu'un changement s'installe durablement. On voit ainsi que la « rechute » ou la « récidive » font partie du traitement.

Dans ce modèle, l'objectif du travail n'est donc pas « qu'il n'y ait plus de récidive ».

Pour les intervenants, l'objectif clinique est donc de faire progresser le client au stade de changement suivant, que le participant évolue dans l'idée que la violence lui pose problème dans ses relations conjugale ou intrafamiliale.

Pour réaliser ce travail d'accompagnement, il convient d'employer des méthodes appropriées au stade de changement auquel se situe chaque participant (ces méthodes ne sont pas identiques selon les stades) ; il exige donc des intervenants de maîtriser une grande diversité de méthodes de changement.

Le travail sur les avantages du changement est central : c'est ce travail qui soutiendra le participant dans sa décision de poursuivre sa démarche. S'il n'est pas conscient des bénéfices qu'il peut tirer de l'usage de la non-violence, il reviendra vite sur sa décision de poursuivre ses efforts.

Le travail que propose Praxis, bien que limité (quarante-deux heures en groupe ne sont que le début d'un travail d'évolution), est incontournable pour engager les auteurs de violences dans ce parcours vers le changement. Étant donné que la plupart des usagers qui nous consultent se situent aux premiers stades du changement, il serait très souvent inutile et vain, voire contre-productif, de les orienter vers une thérapie.

Au contraire, nous devons mettre l'accent sur la construction d'un cadre sécurisant qui permette la création d'un lien d'engagement mutuel significatif pour les deux parties : l'usager et le professionnel. Et ce n'est pas la moindre des difficultés.

4 « Y a-t-il du bon sens à accompagner les auteurs de violences conjugales ? » – La situation de Monsieur O.

Que signifie un travail de responsabilisation à Praxis ? Cette question nous est souvent posée.

Elle peut être empreinte de scepticisme (« Ces hommes-là seraient donc capables de changer ? »), de soulagement (« Maintenant que vous vous en occupez, tout va rentrer dans l'ordre et nous pouvons dormir sur nos deux oreilles »), de curiosité (« Comment travaillez-vous avec des personnes qui ne sont pas demandeuses ? »).

Elle est souvent suivie rapidement d'une autre question : « Quels sont vos résultats ? ».

Et ces questions peuvent être liées dans la tête de certains « Y a-t-il du bon sens à accompagner les auteurs de violences conjugales ? » ou même : « Faut-il s'en occuper ? Ces budgets ne seraient-ils pas plus utiles pour l'aide aux victimes ? »

Nous apporterons nos réponses à ces questions par une approche générale de notre travail avant de la décrire à travers la situation particulière d'un usager : Monsieur O.

À Praxis, nous avons fait le choix du travail en groupe sur quarante-deux heures minimales. L'entrée dans le groupe est toujours précédée de deux (parfois trois) entretiens individuels. Le programme de travail proposé par Praxis s'étend donc sur quarante-cinq heures minimales.

Ce choix du travail en groupe s'appuie sur des considérations méthodologiques que nous avons décrites plus haut. Mais il ne suffit pas à rendre compte de toutes les dimensions de notre travail qui inclut l'accueil téléphonique, les premiers entretiens individuels, d'éventuels entretiens avec l'entourage (avec la personne qui nous adresse le consultant, par exemple).

Et nous allons voir que bon nombre de nos usagers entament avec nous une sorte de « danse » qui montrent leur hésitation à entrer dans le dispositif proposé.

Nous pouvons mieux comprendre cette « danse » en gardant en tête les stades du changement proposés plus haut.

4.1. *La prise de contact*

D'habitude, les usagers s'adressent à nous par téléphone (parfois par e-mail), soit directement, soit indirectement via un de leurs proches (la mère, voire la conjointe) pour obtenir un rendez-vous.

Un travail téléphonique est alors nécessaire pour engager l'usager lui-même à prendre le rendez-vous.

Que ce soit pour les « volontaires » ou pour les judiciarisés, nous constatons un certain nombre de défections (environ 10 %) entre l'appel téléphonique et le premier entretien.

Nous vous présentons ci-après une vignette clinique, celle de Monsieur O.[21] qui illustrera les diverses étapes de notre travail de responsabilisation.

Dans un premier temps, nous recevons une fiche d'inscription d'un assistant de Justice concernant Monsieur O. Celui-ci nous est adressé dans le cadre d'une mesure de médiation pénale[22]. Comme convenu avec la Maison de Justice bruxelloise, nous attendons que l'usager prenne un contact téléphonique avec notre service afin de fixer un premier rendez-vous.

En optant pour cette manière de faire, nous cherchons à mettre l'usager au centre de notre dispositif. C'est une première tentative d'amener l'usager à devenir sujet de cette démarche de responsabilisation.

---

21. La vignette clinique de Monsieur O. a été écrite par Alexandra Richir, psychologue à l'antenne de Bruxelles, en prenant soin de préserver autant que possible l'anonymat de ce monsieur et de ses proches. Pour ce faire, des informations ont été modifiées.

22. En Belgique, la médiation pénale désigne un dispositif qui permet au Parquet, sous certaines conditions et pour autant que la victime y souscrive, d'éviter à l'auteur le passage au Tribunal. Il s'agit donc d'une alternative au passage au Tribunal plutôt que d'une médiation entre auteur(s) et victime(s). Ce dispositif n'est pas propre aux délits en matière de violences conjugales et intrafamiliales. Toutefois, à Praxis nous constatons que 45 % des dossiers sous mandat de justice concernent des « médiations pénales » tandis que le solde, 55 %, concernent des « probations pénales », soit des personnes déjà passées en jugement. Ce sont les deux seuls types de dossiers sous mandat de Justice que nous acceptons.

Monsieur O. contacte assez rapidement notre service et nous pouvons dès lors lui fixer un rendez-vous pour un premier entretien.

4.2. *Les premiers entretiens*

Les premiers entretiens ont pour objet de :

- comprendre le positionnement du consultant concernant la violence (comment, en quoi lui pose-t-elle problème ? Comment décrit-il la situation actuelle par rapport à cette violence ? quels sont les risques actuels pour la sécurité ?), le travail de responsabilisation proposé (nous lui proposons l'engagement décrit plus bas), et le travail de groupe (comment envisage-t-il cette forme d'accompagnement ?)
- examiner les conditions de faisabilité (parle-t-il suffisamment le français ? Est-il disponible aux jours et heures proposés ? N'y a-t-il pas des obstacles de santé à sa participation, comme une pharmacodépendance ? Des problèmes de santé mentale ?) ;
- obtenir son accord sur le respect des conditions de travail (respect des horaires et des règles de base : non-violence dans le groupe, respect des personnes, non-consommation de produits psychotropes...).

Au terme de ces entretiens, Praxis se positionne sur deux dimensions : soit la faisabilité d'un suivi (disponibilité, maîtrise de la langue française, état de santé global...) soit l'opportunité de l'intégration dans un groupe de Praxis (positionnement du participant sur la violence, sur la responsabilisation et sur le groupe).

En cas de difficultés sur l'une ou l'autre de ces deux dimensions (ou sur les deux), nous proposons un entretien tripartite avec le service qui nous a adressé l'usager.

Durant ce premier entretien, Monsieur O. dit avoir déjà effectué cette première phase d'entretiens, il y a six ans, lorsqu'il avait été jugé pour une tentative de meurtre sur son beau-père. Il explique qu'à cette époque, son beau-père était fortement violent sur sa mère, et que c'est cette violence qui l'a poussé à défendre sa mère : il nous dit avoir menacé son beau-père d'une arme blanche. Il ajoute que sa mère avait déjà été victime de violences de la part de son père à lui.

Monsieur O. explique son comportement d'il y a six ans par les multiples violences subies par sa mère, et justifie son acte de violence par une réaction à celles-ci. Il rend légitime son acte de violence par le climat de violence dans lequel vivaient sa mère et lui-même.

Il y a six ans, bien que le Tribunal l'ait condamné à participer à un groupe Praxis, il nous explique avoir refusé cette décision car il était hors de question pour lui d'être assimilé à des auteurs, qui comme son père et son beau-père, faisaient subir des violences à leur partenaire. Il aurait sans doute alors agi en une sorte de légitime défense.

Notons ici que le processus de responsabilisation peut se faire en différents temps. En effet, certaines personnes ne peuvent s'y inscrire d'emblée. Des éléments internes à la personne ou contextuels peuvent amener la personne à revoir sa position quelque temps plus tard. Un retour devant la Commission de Probation, de nouveaux faits, un entretien tripartite (usager, intervenant de Praxis et assistant de Justice), une part de réflexion personnelle ou partagée par des proches, sont des exemples pouvant amener l'usager à reprendre le processus d'une autre manière.

Lors de ce premier entretien, Monsieur O. est invité à parler de ce qui nous met en présence. À l'heure actuelle, si Monsieur O. revient auprès de notre service, c'est parce qu'il a commis des actes de violences sur sa femme. Ces actes semblent être vécus plus difficilement par Monsieur O. Selon lui, ces actes-ci relèveraient de la violence, contrairement à ceux d'il y a six ans.

Il nous explique que lors d'une dispute tournant autour de la jalousie de Madame vis-à-vis de la maîtresse de Monsieur, il a exercé de la violence physique sur Madame. Il nous dit aussi avoir été plusieurs fois violent sous l'emprise de l'alcool. Il décrit aussi de la violence verbale ainsi que des humiliations vis-à-vis de Madame. Ces différents actes de violence tournaient toujours autour de la thématique de la jalousie de Madame.

Il élargit le propos en expliquant que la violence a toujours fait partie de sa vie quotidienne. Il en dit qu'elle est devenue banale! Monsieur O. étant d'origine sud-américaine, il décrit avoir fréquemment agi et subi des violences urbaines liées aux différences d'origines et aux groupes d'appartenances suscités par ces différences: il a souvent fréquenté différentes bandes de jeunes et les bagarres de rue n'y étaient pas rares.

Au terme de ce premier entretien, il évoque leurs trois enfants en bas âge qui, s'ils n'étaient pas présents lors de différents faits de violence, ont vu les traces physiques sur leur mère, ont posé des questions à leurs parents à ce sujet, mais aussi concernant la courte séparation de cinq jours où Monsieur O. a quitté le domicile familial.

Au terme de ce premier entretien d'environ soixante minutes, nous remettons à l'usager un document « engagement pour un groupe de responsabilisation » et un questionnaire de cinq questions. Nous les lui commentons et nous lui demandons d'y réfléchir pour la prochaine rencontre. Ces deux documents l'engagent à réfléchir d'une part à son rapport à la violence et d'autre part à l'offre de services de Praxis (à ses conditions de réalisation, etc.) et au groupe. Il s'agit là d'une manière habituelle de faire à Praxis: des travaux sont demandés entre les rencontres individuelles ou de groupe. Une manière de signifier que le travail de responsabilisation ne se joue pas seulement « en séance », mais aussi et surtout entre celles-ci.

La deuxième rencontre a d'habitude lieu dans les sept à dix jours.

Lors de ce premier entretien, Monsieur O. a déposé des informations importantes concernant son rapport à la violence, comme par exemple:

- les actes de violences sur sa partenaire s'inscrivent dans une histoire sociale et familiale empreinte de violences: comment l'utilise-t-il? Pour banaliser celle exercée sur sa partenaire ou au contraire pour donner à celle-ci un sens particulier?

- les actes de violence s'inscrivent dans une histoire conjugale où Monsieur a noué une (ou des) relation(s) extraconjugale(s) : quelle(s) place(s) occupe(nt)-t-elle(s) dans l'économie des relations du couple ?
- la consommation d'alcool a été présente lors de la commission de certains actes de violence : cela s'avère le cas dans près de 60 % des cas (alcool ou autres psychotropes) chez nos usagers. Ceci devra être travaillé avec lui dans le suivi : s'agit-il pour lui de se déresponsabiliser (« c'est pas moi, c'est l'alcool ! ») ou pourra-t-il aborder les liens entre alcool et violences ?
- il annonce diverses formes de violences agies : insultes, humiliations. Un usager pourtant initialement réfractaire au travail en groupe, reconnaissait vers la sixième séance, que « aujourd'hui, je dois bien dire qu'après l'avoir insultée, je n'ai plus eu de limites » ;
- il évoque l'impact sur ses jeunes enfants : voilà une ouverture vers un travail sur la transmission transgénérationnelle de la violence. Il s'agit bien souvent d'une voie d'accès à un travail de responsabilisation.

Ces diverses dimensions seront à travailler et les coanimateurs seront attentifs à les reprendre dans le groupe.

Lors du deuxième entretien préalable, Monsieur O. se montre intéressé à mieux comprendre la violence qu'il a exercée dans son couple et espère pouvoir tirer bénéfice de sa participation en ce sens. Même si Monsieur O. est contraint, judiciairement parlant, de nous rencontrer, nous ressentons chez lui un réel intérêt personnel et conjugal pour ce travail en groupe. En effet, il se dit « *sale et dégoûté* » de lui-même d'en être arrivé là ; il dit que c'est comme s'il l'avait tuée. Il évoque également un grand besoin de parler ! Madame, selon lui, serait choquée et resterait dans la peur vis-à-vis de lui ; elle serait devenue suspicieuse quant aux comportements de son mari.

Comprendre la violence est souvent une attente chez nos usagers. Et pourtant, nous devons les engager à aller plus loin : comment éviter le recours aux actes de violences ? Comment assurer la protection qu'un parent doit aux siens, partenaire et enfants? Comment approcher les impacts de ses actes de violence, non seulement sur lui (il en parle), mais sur sa partenaire et sur les enfants? Quelles en sont les répercussions sur la dynamique du couple? Comment vont se redéfinir les rôles parentaux à partir de cette situation?

Au-delà de la dimension «comprendre», il nous faut donc être attentifs à la dimension «agir»: nous devons veiller à ce que l'une éclaire l'autre (et réciproquement). En ce sens, le travail en groupe est un précieux atout: il s'y agit beaucoup qui donne à comprendre.

Nous terminons ce deuxième entretien en travaillant la question de savoir comment Monsieur O. pourra vivre le fait d'intégrer un groupe pour auteurs de violences conjugales et intrafamiliales (étant donné que cela l'avait freiné quelques années plus tôt), mais il y semble prêt aujourd'hui.

4.3. *Le délai entre les entretiens et l'entrée dans un groupe*

Au terme de ces entretiens préalables, l'usager est inscrit sur une liste d'attente pour un groupe. Le délai d'entrée dans un groupe peut prendre de quelques jours à quelques semaines. Ceci dépendra de la disponibilité de place dans un groupe.

En fonction des situations individuelles, des solutions transitoires peuvent être aménagées, telles que des entretiens de soutien pendant ce délai.

Au cours de ce délai, des choses se jouent pour les usagers en attente: ils ont fait une démarche qui les engage au regard d'un objectif (comment vont-ils déjà l'intégrer dans leur vie quotidienne?), ils ont parlé d'eux (de leurs violences, de leur histoire, de leur couple, de leurs liens sociaux) à une tierce personne en seul à seul (comment vont-ils se présenter devant un groupe? Comment vont-ils se dévoiler progressivement devant des inconnus?).

Mais des choses aussi se jouent pour les professionnels: comment parler à mon coanimateur de ce Monsieur O.? Comment utiliser la «naïveté» de mon coanimateur à l'égard de Monsieur O.? Comment vois-je Monsieur O. prendre place dans ce groupe? Que viendra modifier sa présence dans la dynamique du groupe? À quoi devons-nous nous attendre? À quoi être attentif pour le groupe et pour chacun de ses participants?

Voilà des questions qui viennent alimenter les réunions de préparation de groupe et de débriefing.

4.4. *L'entrée dans le groupe de responsabilisation*

Nous proposons deux types de groupes selon les arrondissements, leur éloignement géographique de nos bureaux et la régularité des demandes qui y émergent:

- des « groupes ouverts » qui se réunissent chaque semaine pendant deux heures avec les mêmes animateurs. C'est une formule « extensive ». Chaque participant s'engage pour vingt et une séances de deux heures (soit quarante-deux heures) au terme desquelles il peut éventuellement prolonger sa participation. Ces « groupes ouverts » sont proposés sur les arrondissements de Liège, Verviers, Huy, Charleroi, Mons et Bruxelles. Nous y accueillons aussi bien des participants sous mandat de Justice (médiation ou probation) que des participants hors mandat de Justice, dits des « volontaires ». Nous essayons de maintenir une moyenne de sept participants sous mandat de Justice et deux « volontaires ». Dans ces groupes, il est possible de poursuivre son travail de responsabilisation au-delà des quarante-deux heures initiales;
- des « groupes fermés » d'une durée de quarante-deux heures (soit six journées de sept heures). C'est une formule « intensive ». Chaque participant s'engage pour une participation à l'ensemble des quarante-deux heures. Après cela le groupe est fermé. Ces « groupes fermés » sont proposés sur l'ensemble des autres arrondissements judiciaires.

Un groupe se compose de neuf participants maximum et de deux animateurs (de préférence un homme et une femme, même si cela n'est pas toujours possible).

Dans les deux cas, il ne s'agit pas de « groupes de paroles » ni de « groupes de soutien » même si la parole est bien le vecteur de notre travail et le soutien, un des outils de celui-ci.

On ne vient pas à Praxis pour parler d'abord de son mal-être existentiel, même si celui-ci est souvent évoqué. On vient à Praxis pour participer à un « groupe de responsabilisation par rapport à mes actes de violences ».

Le fil rouge qui est au centre des préoccupations des intervenants de Praxis porte sur cinq axes :

- cesser de nuire à autrui en arrêtant les violences physiques et en diminuant les autres formes de violences ;
- examiner l'impact de ces violences sur mes proches (partenaire, enfants, parents, amis...) et sur moi-même ;
- explorer les raisons (croyances, valeurs) qui m'autorisent à recourir à ces actes de violences ;
- identifier et partager les émotions que je vis pour mieux les reconnaître chez les autres ;
- examiner les liens entre la consommation de produits psychotropes (alcool, drogues de rue, médicaments) et mes actes de violences.

Pour mener à bien ce travail, nous disposons de divers rituels qui viennent scander et ponctuer le parcours de responsabilisation de chacun dans le groupe :

- rituel d'accueil et signature de l'engagement devant le groupe. Cette signature se déroule dans les premières heures (dans la première journée des groupes fermés, lors des deux premières séances d'un groupe ouvert). Cette signature vient clôturer, à nos yeux, la phase d'admission dans le groupe[23].

Monsieur O. entre dans un groupe (ouvert) et est accueilli par les autres participants déjà engagés dans le travail de res-

23. Voir l'article de Fabienne Hodiaumont qui analyse et discute, entre autres, la question de savoir après combien de temps se noue l'engagement dans un groupe de responsabilisation.

ponsabilisation. Lors de la première séance, nous lui laissons la possibilité d'apprivoiser l'ambiance du groupe, de connaître un peu les participants et l'autre coanimateur, de « sentir » les questions traitées, l'éthique et les valeurs du groupe. Nous lui demanderons aussi de (se) présenter au groupe, via les réponses qu'il a apportées aux cinq questions travaillées lors des entretiens préalables.

Au terme de cette première séance, au plus tard au terme de la troisième séance, nous proposons la signature de l'engagement à participer.

C'est un moment important qui signe la véritable entrée dans le groupe : il s'agit d'un engagement mutuel d'un participant et de deux professionnels devant un groupe. Ces trois instances sont alors chacune coresponsables à des niveaux différents de la poursuite et de l'implication de chacun dans le travail de responsabilisation. Chacun devra/pourra dès lors s'interroger sur ce qu'il fait (ou ne fait pas) pour soutenir l'implication de tous et le travail de responsabilisation de chacun. C'est la dimension collective de notre travail qui est ainsi en jeu.

Au début de sa participation, et comme cela s'avère souvent le cas, Monsieur O. se montre plutôt discret : il évoque quelques difficultés avec sa femme qui le contrôle beaucoup depuis les différentes tromperies dont elle a souffert. Il explique qu'il travaille dans le milieu de la nuit, dans l'organisation de soirées et de festivités. Il explique souvent que sa femme l'accompagne partout où il va, même dans le cadre de son travail et qu'elle ne le quitte pas des yeux. Il se sent fortement sous pression dans son couple. Monsieur O. explique que s'il accepte d'être surveillé de la sorte, c'est parce qu'il se sent coupable d'avoir trompé sa femme et ressent le besoin de se mettre en position basse pour le moment dans son couple, afin de le faire tenir et de tenter de se racheter dans la relation.

Il est intéressant de relever que lors des entretiens préalables, bien que très « motivé » pour un travail de responsabilisation de ses agirs violents, Monsieur O. entre dans le groupe en faisant usage de stratégies de diversion (« c'est ma femme qui me contrôle ») et adopte un positionnement de victime à l'égard du comportement de celle-ci. C'est lui qui est mis sous pression. Comment un homme issu d'une culture plutôt machiste peut-il accepter cela ? Il invoque une stratégie de reconquête de la relation.

Parle-t-il de violences agies par lui ? Non. Pudeur ? Stratégie pour se faire accepter dans le groupe ? Les raisons d'agir ainsi peuvent être multiples.

Le rôle des professionnels est « d'aller chercher » ce type d'usager pour l'engager réellement dans le travail de responsabilisation. Le récit de l'incident est un des moyens à notre disposition. Il est demandé à chaque usager de faire le récit d'un incident (récent ou ancien) de violence. Plusieurs techniques peuvent être mobilisées qui visent à impliquer le participant et le groupe dans ce travail, tant au niveau émotionnel que cognitif.

Si nous suivions nos usagers, le récit de l'incident pourrait être « bâclé » en quelques phrases. Il est de notre responsabilité d'engager chacun d'eux dans un récit qui les replonge au cœur de l'événement traumatique et d'utiliser les ressources du groupe pour en faire émerger les multiples dimensions au niveau de l'impact sur les membres de la famille, et sur lui-même.

Dans le cas de Monsieur O., la question de la consommation d'alcool est centrale : quand, comment a-t-il consommé ? Que s'est-il dit en consommant ? Que s'est-il autorisé, (ou au contraire empêché) de faire, de dire verbalement ? Le début de la consommation d'alcool n'est-il pas le début des actes de violences ? De manière à replacer les actes de violences dans leur contexte, il n'est pas rare de faire remonter ce récit à quarante-huit heures avant ceux-ci. Le « continuum des violences agies et subies » : c'est un travail personnel présenté devant le groupe qui vise à soutenir le participant dans le dévoilement des formes de violence qu'il a agies ou subies dans sa vie.

Le « continuum » est souvent considéré par nos usagers comme un moment-clé de leur travail de responsabilisation. Bon nombre d'entre eux nous disent que c'est à ce moment-là qu'ils ont véritablement entamé leur travail dans le groupe.

Nous disons que d'usagers, ceux-là sont devenus des participants au travail de groupe.

Le continuum se déroule en plusieurs temps. Deux semaines à l'avance, des consignes sont données à un membre du groupe et nous lui demandons de se préparer chez lui à « situer sur une ligne du temps l'ensemble des violences qu'il a agies ou subies depuis aussi longtemps qu'il s'en souvienne ». Ce travail préparatoire réalisé à domicile sera présenté au groupe ; à cette fin la personne sera accompagnée d'un des deux coanimateurs. Le groupe écoute sans intervenir. Après cette présentation de tout ou partielle de son continuum devant le groupe, la personne reçoit les feed-back du groupe. Cette phase est animée par l'autre coanimateur. Ensuite, la personne a l'occasion de reprendre la parole pour réagir à ces feed-back (s'étonner de ceci, rejeter cela, revenir sur une dimension particulière...).

Avec Monsieur O. les nombreuses informations déposées en individuel lors des premiers entretiens pourront l'être dans le groupe. Au-delà de l'aspect informatif, ce sont bien sûr les résonances affectives qui vont retenir notre attention ; elles vont contribuer à nous indiquer en face de qui nous nous trouvons : une personne qui cherche à dominer sa famille à tout prix, un « terroriste intime » dirait M. Johnson[24] ou le membre d'un couple à conflits multiples ? De cette appréciation, dépendront entre autres les moyens de protection et de mise en sécurité à mobiliser afin d'assurer sa sécurité et celle des autres membres de sa famille.

Tout au long de sa participation, outre les thèmes de travail décrits après le premier entretien, d'autres seront abordés avec Monsieur O. :

- La transmission transgénérationnelle des violences dans la famille de Monsieur O. : la violence lui aurait-elle permis de trouver une place dans sa famille, mais aussi auprès de ses pairs ?

24. Michaël P. Johnson, professeur de sociologie à l'Université de Penn State (USA), www.personal.psu.edu/mpj

- Monsieur O. se serait-il identifié comme celui qui fait partie d'une bande et se bat en son nom, celui qui protège sa mère, qui sait prendre les coups et puis les rendre ?
- Les risques encourus dans son couple s'il continue à vivre sous pression et sous le contrôle de sa femme en se vivant comme écrasé. Il s'agit de mesurer combien le risque d'explosion ou d'implosion semble grand !

Outre ces rituels, nous disposons d'outils spécifiques, comme le « journal de responsabilisation », que chacun doit compléter pendant la semaine et qui a pour objet de « prendre soin de soi » entre les séances.

Le participant est invité à s'arrêter pendant la semaine et à penser à lui : comment se déroule sa vie d'une manière générale, mais aussi comment il vit avec la violence. Ce journal, qu'il remet aux animateurs au début de chaque séance, est aussi un canal de communication directe et confidentielle avec eux.

4.5. *L'évaluation et le choix de poursuivre*

À la fin de sa participation, Monsieur O. recevra son bilan par les autres participants du groupe. Ceux-ci lui enverront leurs étonnements, questionnements et les liens qu'ils ont pu faire tout au long de sa participation.

Monsieur O. développera également son propre bilan, et lors de la dernière séance, un bilan écrit par les animateurs sera lu et commenté devant le groupe. Il lui sera remis personnellement sur un document sans en-tête, ni date, ni signature, uniquement les prénoms des animateurs.

Le groupe s'est montré très actif dans la situation de Monsieur O., et il a soulevé beaucoup de questions sur la réparation, sur les choix de vie conjugale et/ou professionnelle. Il a été essentiel d'aider le groupe à dépasser les « bons conseils » pour interroger le sens et les enjeux liés à ces choix.

Le bilan des animateurs permet d'ouvrir de nouvelles questions et pistes permettant au participant de partir en prenant conscience que le travail de responsabilisation proposé n'est qu'une première étape, et qu'il lui est loisible de continuer.

En effet, au bout de ses vingt et une séances, le participant peut choisir sa voie : soit continuer sa participation dans le même groupe comme « volontaire »[25], soit poursuivre un travail d'élaboration dans un autre lieu, ou encore d'en rester là.

D'autres outils nous sont inspirés de divers courants de la psychologique dynamique : sculpture de groupe, ou de la famille, jeux de rôles... que nos intervenants utilisent pour dynamiser le travail du groupe.[26]

5 Quelques repères

Nous voudrions attirer l'attention sur deux dimensions singulières (parmi d'autres) de notre travail.

5.1. *Construire une relation sécurisante !*

Le travail de responsabilisation nécessite soutien et confrontation.

Le groupe doit d'abord être un lieu de soutien : nous avons vu que la plupart des personnes qui nous consultent le font sous la pression de leur entourage (de professionnels ou de leurs proches) ; elles ne reconnaissent pas les violences qu'elles agissent. Elles sont dans le retrait et les justifications. Elles ne manifestent que très peu d'empathie à l'égard des autres. Ce qui les guide, c'est la satisfaction de leurs besoins propres, qu'elles vivent comme prioritaires sur tout autre.

En outre, elles ont souvent une longue expérience de la domination et de l'autorité. Il s'agit donc de créer un cadre de travail sécurisant où l'autorité est légitime, non abusive et non aléatoire.

25. En 2011, près de 15 % des « volontaires » sont des participants à un premier cycle qui ont souhaité poursuivre leur travail de responsabilisation.

26. Le lecteur trouvera par ailleurs les textes de Valérie Triquoit et Frédéric Pouliart, ainsi que celui de Daphné Stadnik, qui décrivent une approche psychanalytique du groupe de responsabilisation.

Une rencontre frontale ne pourra déboucher que sur une nouvelle expérience de rejet et accroître leur sentiment de victimisation.

Il ne s'agit pas non plus de «paterner» ni de «materner», mais plutôt de créer une relation la moins inégalitaire possible, où les besoins et les exigences des uns et des autres pourront être pris en compte.

Créer cette relation, ce lien social avec ces personnes qui vivent l'isolement et le rejet est le pivot sur lequel le travail de responsabilisation va pouvoir se construire.

5.2. *Prendre en compte la sécurité*

Les violences conjugales et intrafamiliales mettent en péril la sécurité de tous les membres du groupe familial qui y sont exposés. Sans celle-ci le développement harmonieux des êtres humains est compromis.

Mais dans certaines situations, à certaines étapes du développement du processus de violences, la question de la sécurité revêt une acuité particulière. Les risques de passages à l'acte violent, parfois irrémédiable, sont présents. Les journaux font état de plus en plus souvent de ces actes, les bureaux de Police regorgent de procès-verbaux qui en rendent compte. Nous connaissons des situations où des auteurs se sont réactivés dangereusement pendant le travail de responsabilisation. Nous avons aussi entendu et travaillé des poussées suicidaires chez nombre d'entre eux.

Il nous faut donc adopter un principe de précaution: chacun de nos usagers est susceptible de passer à l'acte violent sur lui-même et/ou sur son entourage. Le risque zéro n'existe pas en ce domaine. Toutefois, la réalité du risque ne se présente qu'en certaines circonstances, qu'il faut pouvoir anticiper et prévenir.

Praxis s'est donc doté d'un «protocole en cas de risque imminent», qui au-delà du travail réalisé avec l'intéressé en groupe (ou en entretiens individuels supplémentaires), vise à mobiliser le participant sur des stratégies de protection (plutôt que de menaces) à l'égard de son groupe familial et de lui-même. Ceci nécessite parfois la mobilisation d'autres intervenants à l'extérieur (policiers...).

Le protocole mis en œuvre dans le cadre des « Pôles » est une autre modalité de prise en compte de la sécurité.

Face à ces multiples risques, il serait vain et illusoire de considérer les interventions en matière de violences conjugales et intrafamiliales comme isolées les unes des autres.

Le travail en coopération est incontournable : il s'appuie sur une lecture commune de ce que sont ces violences, il exige une parfaite connaissance des missions (et des limites) de chaque service, et une acceptation mutuelle du contenu des interventions de chacun, bref de la confiance. Et celle-ci, pas plus que la coopération, ne se décrète : elle se construit dans la volonté et les efforts réitérés face à une nécessité absolue et assure la sécurité de tous.

6 Perspectives

Au-delà de ces actions entreprises depuis plus de vingt ans à ce jour, et depuis plus de douze ans en ce qui concerne l'accompagnement des auteurs de violences conjugales et intrafamiliales, notre association est partagée entre inquiétudes et enthousiasme.

Nos inquiétudes sont liées à l'évolution institutionnelle de la Belgique : de larges pans de la Justice sont promis à une communautarisation prochaine. Qu'en sera-t-il du subventionnement de nos activités en direction des auteurs sous mandat de Justice jusqu'ici prises en charge par le SPF Justice ?

Nos inquiétudes sont aussi liées à l'impossibilité de voir nos activités financées en direction des auteurs hors mandat de Justice bruxellois. Il est clair que leur financement par le ministre Fédéral en charge de l'Égalité des Chances, via l'Institut pour l'Égalité des Femmes et des Hommes, est remis en cause. Quelle instance institutionnelle bruxelloise prendra le relais ?

On le voit, tout le dispositif patiemment construit au fil des vingt dernières années reste d'une grande fragilité.

L'histoire de Praxis est marquée par de nombreuses phases d'incertitudes que l'équipe, soutenue par le Conseil d'Administration, a franchies.

Aujourd'hui nous regardons résolument vers des pistes porteuses d'avenir :

- la poursuite de l'amélioration de la qualité de notre travail, selon des pistes tracées, entre autres, par le texte de Fabienne Hodiaumont ;
- la poursuite et le développement du travail auprès des femmes auteures de violences conjugales et intrafamiliales ;
- le développement des « Pôles de ressources spécialisées en violences conjugales et intrafamiliales » et leur élargissement à d'autres professionnels (comme ceux de la Police et de la Justice) ;
- la place des enfants exposés aux violences et la question de la parentalité des auteurs de ces violences nous mobilisent depuis plusieurs mois : nous pensons que nous devons poursuivre nos investissements professionnels en ces domaines ;
- le développement de recherches universitaires en lien avec des collègues belges et étrangers doit venir nous conforter ou nous aider à ajuster nos pratiques.

7 Conclusion

Après avoir décrit le cadre institutionnel de Praxis et les grandes lignes de force de son travail de responsabilisation, nous nous sommes posé la question « y a-t-il du bon sens à travailler à la responsabilisation des auteurs de violences conjugales et/ou intrafamiliales » ?

Nous retenons que si les violences s'inscrivent dans un processus, le changement s'inscrit, lui aussi, dans un processus dont il convient de connaître et repérer les grandes étapes. Le travail de responsabilisation que nous proposons se situe aux prémisses du changement. Il vise à engager les auteurs dans ce processus de changement. En ce sens, le travail de Praxis peut paraître insuffisant. Il n'en est pas moins incontournable : c'est la première étape d'un processus de changement. Sans lui, le silence s'épaissit sur ces violences.

Tous les usagers qui s'adressent à nous ne vont pas au bout de leur travail de responsabilisation. Il est possible que certains le mettent entre parenthèses pendant un certain temps. Praxis est toujours prêt à reprendre ce travail, via des entretiens d'abord, un travail en groupe ensuite. Car nous connaissons cette grande difficulté : établir un lien de confiance avec des personnes souvent dans la défiance et le retrait. D'autant plus, si ces usagers nous parviennent sous une contrainte ou une forte pression de l'entourage familial ou d'autres professionnels. Il est de notre responsabilité que de développer un travail adapté à ces personnes.

Le travail de groupe est un outil puissant pour ouvrir au changement. Il crée un espace social de parole et d'expérimentation d'une vie sociale, métaphore de la vie familiale. Il nous paraît particulièrement adapté à ce type de problématique et nous le recommandons régulièrement comme une première approche (plutôt qu'un travail individuel ou de couple, qui lui, ne pourra être envisagé que si un réel travail de responsabilisation pour l'un et de dévictimisation pour l'autre ont été réalisés).

La préoccupation de la sécurité est centrale : elle doit rester au cœur de nos préoccupations. C'est elle qui fait vivre les victimes au cœur d'un dispositif destiné aux auteurs.

Lorsque nous entendons certains usagers nous déclarer « je n'ai jamais parlé de moi comme je l'ai fait ici », lorsque nous constatons que 15 % de nos « volontaires » sont des usagers qui ont commencé un travail de responsabilisation sous la contrainte et qu'ils désirent le poursuivre, nous sommes renforcés dans la conviction que notre travail est utile et a son sens.

À certains magistrats qui hésitent, nous avons souvent indiqué : entre le classement sans suite (« l'antichambre de la Cour d'Assises » nous déclarait une directrice de Maison de Justice) qui renforce l'auteur dans son sentiment de toute-puissance et la victime dans son sentiment de non-reconnaissance, et l'emprisonnement avec son lot d'effets pervers, tentez le groupe de responsabilisation ! Un espace de parole personnelle.

Vincent Libert, 2012

Profil sociodémographique des usagers et réflexion sur la persévérance et l'abandon dans nos groupes de responsabilisation

*Fabienne **HODIAUMONT**; Criminologue*

RÉSUMÉ

Ce texte reprend les résultats d'une recherche quantitative portant sur un échantillon d'auteurs de violences conjugales et intrafamiliales ayant fréquenté Praxis entre 2003 et 2007. L'analyse quantitative nous a permis de dégager un profil sociodémographique de notre population et d'obtenir des éléments de compréhension sur les mécanismes d'affiliation à notre dispositif d'accompagnement groupal. Cette analyse quantitative s'accompagne d'une tentative de mise en perspective des résultats au regard de la littérature internationale.

Mots-clés: groupe de responsabilisation pour auteurs de violences conjugales - profil sociodémographique - persévérance - abandon

1 Le contexte et limites de cette recherche

Depuis sa création et plus particulièrement depuis le tournant des années 2000 et notre spécialisation dans l'accueil et l'accompagnement des auteurs de violence conjugale et intrafamiliale, notre asbl est régulièrement interpellée aussi bien par les pouvoirs publics qui nous subsidient que par nos partenaires de terrain, sur l'efficacité de notre dispositif.

Comment, en tant qu'asbl répondre à une telle question? Comment mesurer l'efficacité de notre accompagnement? Quels critères prendre en compte? En 2005, à la demande de l'Institut pour l'Égalité des Femmes et des Hommes, une étude menée par la KULeuven et l'ULBruxelles a conclu que notre méthodologie de travail rencontrait les critères de qualité exigés par la littérature scientifique internationale[1]. Même si à l'époque, cette reconnaissance nous a permis d'obtenir la pérennisation financière partielle de notre projet, la question de l'efficacité de notre dispositif ne demeure pas moins présente.

Cette question revêt deux aspects. L'extérieur interroge en termes sécuritaires et de récidive. À l'interne, notre attention se porte avant tout sur la qualité du service proposé à nos usagers et son adéquation à leurs besoins. La réponse aux questions d'ordre sécuritaire est, nous semble-t-il, hors de notre portée d'intervenants de terrain. Ce type d'évaluation nécessiterait d'être confiée à des organismes universitaires ou à un établissement scientifique fédéral tel que l'Institut National de Criminalistique et de Criminologie. La question de l'adéquation de l'offre aux besoins des usagers, quant à elle, nous a amenés à un constat: l'abandon en cours de suivi d'un nombre important de personnes.

En 2007, nous avons donc décidé de mettre à profit des fonds octroyés par l'Institut pour l'Égalité des Femmes et des Hommes et par le SPF Justice pour tenter de mieux compren-

1. Aertsen I., Kumps N., Lembrechts L., Offermans A.-L., *Évaluation des projets de traitement/aide aux auteurs de violence entre partenaires*, Leuven, KUL, 2006.

dre et appréhender le phénomène d'abandon dans nos groupes avec en filigrane les questions suivantes : qui sont ces usagers qui fréquentent notre service, y a-t-il des différences de profil entre les personnes contraintes et non contraintes par une mesure judiciaire, y a-t-il des caractéristiques communes aux personnes quittant prématurément le programme, y a-t-il des moments clés où surviennent ces abandons ?

Nous avions à notre disposition deux bases de données : une base de données pour les usagers judiciarisés et une base de données pour les usagers s'adressant à notre service hors cadre judiciaire. Celles-ci ont été confiées pour analyses statistiques au Centre Violence et Traumatisme (VITRA) rattaché à la Faculté de Psychologie et Sciences de l'Éducation de l'Université de Liège[2] dans le but de répondre aux questions précitées.

Très vite, malheureusement, nous avons été confrontés à des problèmes d'ordre méthodologique concernant d'une part, la nature des données encodées et leur aptitude à rendre compte du phénomène étudié, d'autre part, la rigueur non scientifique avec laquelle elles ont été récoltées (voir ci-dessous).

Nous sommes conscients qu'une production scientifique[3] aurait procédé différemment en identifiant, d'abord dans la littérature, les variables qualitatives ainsi que les variables liées à l'offre de service entrant en compte pour expliquer la persévérance ou l'abandon dans un dispositif groupal pour auteurs de violence conjugale. Nous aurions alors pu comparer les résultats rencontrés ailleurs avec les résultats obtenus à Praxis sur ces variables précises. Nous soulignons toutefois que cette

2. Il s'agit d'un centre pluridisciplinaire traitant des questions relatives aux violences commises dans un ensemble de sphères, professionnelle, scolaire, familiale et, plus largement, à l'échelle sociétale. Pour plus d'information sur le centre, nous renvoyons à leur site internet : http://www.vitra.ulg.ac.be

3. Nous tenons ici à remercier les membres de notre Comité d'accompagnement (Françoise Digneffe, professeur émérite de Criminologie à l'UCL, Françoise Goffinet de l'IEFH, Lucien Nouwijnk, avocat général près la Cour d'Appel de Bruxelles, Claude Macquet, professeur de Sociologie à l'ULg), ainsi que Dan Kaminski, professeur de Criminologie à l'Université catholique de Louvain-la-Neuve pour les précieuses remarques qu'ils nous ont apportées.

recherche a été menée avant tout à des fins institutionnelles dans le but de mieux cerner notre public, comprendre les facteurs liés à l'abandon prématuré dans nos groupes de responsabilisation afin d'ouvrir la voie à une réflexion collective sur des éléments plus qualitatifs de notre travail et améliorer notre offre de service. Elle s'est construite de façon empirique au fur et à mesure des opportunités et du temps qui a pu y être consacré par divers intervenants de terrain dont la mission première reste l'accompagnement des auteurs.

Ce texte est donc une tentative de présentation des résultats obtenus sur base de l'analyse quantitative de nos données par le Centre VITRA. De cette analyse nous avons retiré un profil des usagers qui ont fréquenté notre service de 2003 à 2007 ainsi que des éléments de compréhension sur les mécanismes d'affiliation à notre dispositif d'accompagnement groupal. Cette analyse quantitative brute s'accompagne à chaque fois d'une tentative de mise en perspective des résultats au regard de la littérature internationale.

2 Méthodologie

2.1. *Les bases de données*

Praxis dispose de deux bases de données. La première concerne exclusivement les usagers adressés à notre service par la Justice dans le cadre des peines et mesures judiciaires alternatives : médiation pénale et sursis probatoire. Elle reprend des informations à partir de 1997. Celles-ci n'ont toutefois été correctement et systématiquement encodées qu'à partir de 2003. La seconde base de données a été créée en 2003, date à laquelle nous avons ouvert notre offre de service aux personnes hors mandat judiciaire. Elle concerne donc exclusivement les usagers « volontaires ».

Ces deux bases de données comprennent un ensemble d'éléments communs. Les informations qui y sont encodées sont de nature essentiellement socio-administrative (coordonnées de la personne, date de naissance, sexe, état civil, nationalité, situation familiale, nombre d'enfants, type de revenus et statut professionnel) ainsi que judiciaire (antécédents criminels, nature des violences agies, arrondissement pourvoyeur, origine de la demande, consommation de toxiques). Les autres variables concernent des informations sur l'état d'avancement et le traitement réservé au dossier à Praxis.

En 2007, lorsque les données ont été saisies par le Centre VITRA pour analyse, nos banques de données comprenaient 2250 dossiers judiciarisés et 450 dossiers non judiciarisés. Tous les dossiers ouverts avant janvier 2003 ont été exclus de la présente étude parce qu'ils présentaient des informations trop lacunaires. N'ont été retenus que les dossiers ouverts et clôturés entre janvier 2003 et juin 2007. Les femmes ont été retirées de l'échantillon. Celles-ci en représentaient 3 à 4 %. Nous avons décidé de les exclure de l'analyse dans la mesure où, à l'époque, elles représentaient un phénomène marginal dans notre clientèle ainsi que dans leur mode de prise en charge puisque seul un suivi individuel leur était proposé[4]. Notre échantillon final comprenait donc 775 dossiers judiciarisés et 337 non judiciarisés.

2.2. *Le traitement des données*

Les données ont été soumises à trois types d'analyses : des analyses descriptives, des analyses inférentielles et des analyses comparatives. Les analyses descriptives nous ont permis d'obtenir une photographie de notre échantillon en termes de fréquence, de moyenne, de médiane, de mode et d'écart-type. Les analyses inférentielles visaient à identifier les variables susceptibles d'expliquer le phénomène de rétention ou d'abandon dans nos groupes de responsabilisation. Enfin, les analyses comparatives cherchaient à mettre en lumière l'existence de différences significatives entre nos usagers judiciarisés et non judiciarisés.

4. Nous renvoyons à l'article d'Olivier Antoine et Valérie Martin présent dans cet ouvrage pour un historique de la prise en charge des femmes auteures de violences conjugales et intrafamiliales à Praxis.

2.3. *Les faiblesses de nos bases de données*

Nous tenons à souligner que les résultats de la recherche restent limités par le caractère rudimentaire de notre démarche initiale. Nos bases de données ont été créées à l'origine pour répondre aux exigences administratives du SPF Justice afin de justifier des subsides octroyés. On peut ainsi comprendre que nos bases de données présentent peu ou pas d'éléments qualitatifs et cliniques. Elles n'ont pas été pensées pour répondre aux questions précises que pose notre recherche. Ajoutons à cela, le manque de constance et de rigueur avec lesquelles les données ont été recueillies et encodées par l'ensemble des travailleurs de Praxis. Nous avons ainsi dû renoncer à l'exploitation d'un certain nombre de variables rendues inutilisables en raison d'un nombre important de données manquantes. Ces deux bases de données constituaient néanmoins notre seule porte d'entrée sur nos usagers.

3 Les résultats

3.1. *Description de nos populations d'usagers*

Cette première partie reprend les résultats tirés des analyses descriptives. Elle comprend une photographie des usagers judiciarisés et non judiciarisés reçus à Praxis entre janvier 2003 et juin 2007. Nous y avons ajouté les résultats des analyses comparatives faisant apparaître les différences de profil significatives entre nos deux populations.

3.1.1. Les usagers judiciarisés

3.1.1.1. Les données démographiques

Les hommes référés à Praxis dans le cadre des mesures judiciaires alternatives sont âgés de 18 à 74 ans. Cet écart d'âge, comme le souligne Rondeau *et al.*[5], démontre que la violence

5. Rondeau G., Brochu, S., Lemire G., Brodeur N., *La persévérance des conjoints violents dans les programmes de traitement qui leur sont proposés,*

conjugale peut concerner tous les groupes d'âges. Il convient toutefois de relativiser cet écart, puisque la moyenne obtenue est de 37, 4 ans[6] avec un écart-type de 10,81. Ce qui signifie que les ¾ de ces hommes se situent dans la tranche d'âge allant de 24 à 47 ans.

La grande majorité d'entre eux (87 %) ont la nationalité belge. Ce qui n'exclut pas des origines diverses puisque seule la nationalité a été retenue comme critère de comptage, ne tenant compte ni du pays d'origine de l'intéressé ni de celui des parents. Quant aux autres nationalités représentées dans l'échantillon, on retrouve, pour l'Europe, essentiellement des personnes issues des pays de l'Union Européenne (France, Italie, Espagne, Portugal, Pologne) et des pays de l'Est (Bulgarie, Bosnie, Serbie, etc.). Pour l'Afrique, nos usagers viennent pour la plupart du Maghreb et d'Afrique noire (République du Congo, Angola, Côte d'Ivoire, etc.). En termes de nationalité, les continents asiatique et américain sont sous-représentés dans notre population.

En ce qui concerne le niveau d'études[7], on constate que 13 % ne possèdent qu'un diplôme d'étude primaire, 24 % sont diplômés du secondaire inférieur, 44 % ont un diplôme de l'enseignement secondaire supérieur, général, professionnel et technique confondus. Seuls 19 % ont poursuivi au-delà et sont en possession d'un diplôme d'études supérieures non universitaires ou universitaires. Ces données sont légèrement en dessous des moyennes nationales[8].

Centre de recherche interdisciplinaire sur la violence familiale et la violence faite aux femmes, Montréal, Université de Montréal, Collection « Études et Analyses », 7, 1999, p. 47.

6. L'âge moyen de notre population judiciarisée se situe légèrement en dessous de l'âge moyen de la population masculine belge (38,7). Pour plus de détails, voir Direction Générale Statistique et Information Économique, *Aperçu statistique de la Belgique : Chiffres-clés 2007*, SPF Économie, 2008, p. 19.

7. Soulignons que les données concernant le niveau d'études comprenaient un grand nombre de valeurs manquantes.

8. Voir http://www.statbel.fgov.be/figures/d33_fr.asp 6pp

3.1.1.2. Les données économiques

54,4 % des personnes reprises dans notre échantillon ont, à un moment ou un autre du processus[9], occupé un emploi, 27 % en tant qu'ouvriers, 16,5 % en tant qu'employés et 9 % sous statut d'indépendant. Nous ne disposons malheureusement d'aucune donnée précise sur la nature de ces emplois, les revenus qui y sont associés, ni s'il s'agit de travail à temps plein, à temps partiel ou intérimaire. Ces résultats sont largement en dessous de la moyenne nationale en ce qui concerne le taux d'emploi des hommes puisque ce dernier se situe pour la Belgique autour des 68,7 %[10]. Dans notre échantillon, la proportion des personnes bénéficiaires de l'aide sociale est donc considérable et serait trois fois plus importante que dans la population générale belge[11] puisque 45,6 % de nos usagers sont sans emploi et vivent d'allocations diverses[12].

Sur le plan économique, nos usagers judiciarisés se distingueraient largement de la population masculine belge en général. Ils seraient moins instruits, plus nombreux à être sans emploi et à bénéficier d'allocations de remplacement. Ils seraient donc dans l'ensemble plus démunis.

3.1.1.3. La situation familiale

49 % des personnes de notre échantillon vivaient en couple au moment de leur prise en charge à Praxis dont 18,5 % maritalement. 51 % ont donc déclaré ne pas ou ne plus vivre avec leur partenaire. La grande majorité d'entre eux vivraient seuls (35 %), parfois avec leurs enfants, ou encore chez un parent.

9. L'inclusion des données se faisant prioritairement à l'ouverture du dossier, il arrive souvent que les modifications survenant dans la situation professionnelle de l'usager (perte d'emploi par exemple) ne soient pas corrigées ultérieurement dans la banque de données.

10. Direction Générale Statistique et Information Économique, *Aperçu statistique de la Belgique : Chiffres-clés 2007*, *op. cit.*, p. 21.

11. Pour exemple, le taux de chômage pour la population masculine belge en 2007 était de 7,5 %.

12. 39 % de nos usagers bénéficient d'allocations sociales diverses : chômage (26 %), mutuelle, CPAS, allocations d'invalidité (13 %). 4 % n'ont déclaré aucun revenu, il s'agit pour la plupart de personnes toujours aux études.

Soulignons que notre système de recueil des données ne nous permet pas une analyse plus nuancée. Il nous est en effet impossible de déterminer s'il s'agit, pour les personnes en couple, d'un couple formé avec la partenaire violentée ou une nouvelle compagne. Pour les personnes ayant déclaré vivre seules ou en famille, nous n'avons pas la possibilité de déterminer si ces personnes entretiennent actuellement une relation affective y compris avec la partenaire victime.

Quant aux données relatives à la paternité, elles indiquent que 77,5 % des hommes de notre échantillon ont au moins un enfant, le nombre moyen d'enfants par homme étant de 1,7. Ici aussi, ces données ne nous permettent d'approcher qu'une facette restreinte de la vie familiale de ces hommes puisqu'elles ne nous disent pas si ces enfants sont issus d'une même union, s'ils vivent sous le toit conjugal ou si un droit de garde est exercé vis-à-vis d'eux. Ces données ne tiennent pas compte non plus du phénomène de recomposition familiale, donc éventuellement des enfants de la partenaire issus d'unions antérieures pouvant vivre avec le couple.

3.1.1.4. Les données judiciaires[13]

44 % des personnes judiciarisées faisant partie de notre échantillon nous ont été référées par la Justice dans le cadre d'une mesure de médiation pénale, 38,5 % dans le cadre d'un suivi probatoire. Les 17,5 % restants sont essentiellement composés de personnes adressées à Praxis dans le cadre d'une alternative à la détention préventive, voire des libérés conditionnels[14].

Dans la grande majorité des cas, 83,5 %, les violences ont été exercées à l'encontre de la partenaire ou ex-partenaire. Les 16,5 % restants concernent des violences à l'égard des enfants, des parents ou d'un autre membre de la famille.

13. Les données relatives à cette section présentaient de nombreuses valeurs manquantes. Il faut donc les interpréter avec prudence.

14. Depuis le 1er janvier 2007, Praxis a pris la décision de ne plus accepter que des personnes faisant l'objet d'une médiation pénale ou d'un suivi probatoire et ce, dans le strict respect de la Loi de février 1994, organisant les Mesures Judiciaires Alternatives.

34 % des personnes présentes dans notre échantillon ont des antécédents judiciaires. 2,75 % auraient effectué un séjour en prison. Nous n'avons pu déterminer si ces antécédents concernent des violences conjugales ou familiales ni le nombre et la nature exacte des faits reprochés.

Soulignons que dans 60 % des cas, on note la présence d'alcool ou d'autres substances psychotropes au moment des faits.

3.1.2. Les usagers non judiciarisés

3.1.2.1. Les données démographiques

L'âge moyen des personnes s'adressant à Praxis dans le cadre d'une démarche volontaire est de 38,8 ans, les valeurs pouvant varier de 18 à 77 ans avec un écart-type de 11,18.

85 % possèdent la nationalité belge ce qui, comme nous l'avons déjà souligné précédemment, ne nous donne cependant aucune indication sur l'origine ethnique et culturelle de ces personnes.

En ce qui concerne le niveau d'études, 34 % seraient détenteurs d'un diplôme d'études supérieures, 41 % auraient atteint le degré secondaire supérieur, 20,5 % le degré secondaire inférieur. Seuls 4,5 % ne seraient en possession que d'un diplôme de l'enseignement fondamental.

3.1.2.2. Les données économiques

Le taux d'emploi parmi nos usagers non judiciarisés est de 63 %. 28 % ont le statut d'employé, 20 % le statut d'ouvrier, 15 % ont une activité d'indépendant.

27 % sont donc sans emploi déclaré et bénéficient pour la plupart d'allocations sociales[15].

Bien que légèrement en dessous, ces chiffres, en ce qui concerne le taux d'occupation et le taux de chômage, sont proches de la moyenne nationale[16].

15. 10 % bénéficieraient d'allocations de chômage.

16. Direction Générale Statistique et Information Économique, *Aperçu statistique de la Belgique : Chiffres-clés 2007*, *op. cit.*, p. 21.

3.1.2.3. La situation familiale

57 % des personnes de notre échantillon vivaient en couple au moment de leur prise en charge à Praxis dont 37 % maritalement. 43 % ont donc déclaré ne pas ou ne plus vivre avec leur partenaire. Comme pour les personnes judiciarisées, à ce niveau, notre système de recueil des données ne nous permet pas une analyse plus nuancée.

Quant aux données relatives à la paternité, elles indiquent que 77 % des hommes de notre échantillon ont au moins un enfant, le nombre moyen d'enfants par homme étant de 1,6.

3.1.2.4. Les données judiciaires

95 % de nos usagers non judiciarisés nous consultent pour des violences exercées à l'encontre de la partenaire ou ex-partenaire.

Concernant d'éventuels antécédents judiciaires, ces informations font défaut dans notre base de données.

Dans 53 % des cas, on note la présence d'alcool ou d'autres substances psychotropes au moment des faits.

3.1.2.5. L'origine de la demande

Les personnes que nous recevons hors contrainte judiciaire ont dans 26 % des cas été envoyées vers notre service par une instance policière. Si on étend aux autres services ou personnes en rapport avec le monde judiciaire, 46 % des situations sont concernées. 18 % ont pris connaissance de l'existence de Praxis et se sont décidés à nous contacter suite à la lecture d'un article dans les médias, après avoir visionné un reportage ou bien encore assisté à une conférence. Pour les 18 % restants, la demande d'aide est motivée par l'entourage (ami, famille ou conjointe).

3.1.3. Comparaison entre les deux profils de population[17]

L'analyse comparative de nos deux échantillons nous a permis de dégager un ensemble de différences statistiquement significatives entre nos usagers judiciarisés et non judiciarisés.

Au niveau des données démographiques, les différences significatives concernent l'âge et le niveau d'études. Les usagers non judiciarisés seraient en moyenne plus âgés que nos usagers judiciarisés. Ils auraient également un meilleur niveau de scolarisation[18].

On note également d'importantes différences au niveau des données économiques. On constate que le taux d'emploi est nettement plus élevé chez les personnes non judiciarisées. Les employés et les indépendants y sont mieux représentés. Le pourcentage de personnes bénéficiant d'allocations de chômage y est deux fois moins élevé.

On remarque encore des différences en ce qui concerne les données relatives à la situation familiale. Il y aurait proportionnellement parmi nos usagers volontaires plus de personnes déclarant vivre en couple, maritalement ou en concubinage au moment de leur prise en charge à Praxis et plus de célibataires dans notre échantillon de judiciarisés.

17. Afin de comparer les profils des usagers judiciarisés et des usagers non judiciarisés, des analyses comparatives ont été effectuées sur toutes les variables communes aux deux banques de données. Pour les variables nominales, on a retenu le sexe, la nationalité, l'état civil, le mode de vie, la vie en couple, les enfants, le niveau d'études, la profession, le type de revenu, le type de violence et l'influence de toxiques. Pour les variables métriques, les analyses portent sur l'âge et le nombre d'enfants. Les analyses utilisées sont le Chi-2, Anova, T Student ainsi que des analyses de corrélation. Des analyses post-hoc ont également été effectuées pour déterminer les moyennes significativement différentes les unes des autres dans le cas des Anovas ainsi que pour déterminer les proportions significativement en dessous ou au-dessus de la moyenne dans le cas des Chi-2.

18. En effet, les personnes non judiciarisées sont moins nombreuses à n'avoir obtenu que le diplôme d'études primaires et plus nombreuses à avoir atteint un niveau d'études universitaires.

Enfin, les personnes non référées par la Justice qui s'adressent à notre service consulteraient davantage pour des violences conjugales que pour des violences intrafamiliales.

Nous n'avons, par contre, relevé aucune différence significative entre les deux groupes d'auteurs concernant leur nationalité, les données relatives à la paternité ou bien encore la consommation de substances psychotropes au moment des faits.

3.1.4. Conclusions et hypothèses

Les analyses ci-dessus démontrent qu'il existe des différences statistiquement significatives entre nos usagers judiciarisés et nos usagers non judiciarisés.

Nous relevons tout d'abord des différences au niveau du statut socio-économique. Celles-ci reflètent probablement la réalité sociale qui veut que les personnes socialement les plus démunies se retrouvent davantage dans le circuit de la justice pénale. Nous constatons dans notre pratique que les personnes bénéficiant d'un ancrage plus marqué dans la société sont plus conscientes des enjeux et des pertes éventuelles qu'une condamnation pour violences pourrait engendrer. Elles sont souvent mieux conseillées par leur avocat suite à une première interpellation de la Police et dispose d'un accès à l'information en termes de service d'aide plus aisé et plus complet. Elles sont donc mieux armées pour faire appel à nos services avant que la machine judiciaire ne se mette en marche. Les mesures judiciaires alternatives, quant à elles, nous permettent de toucher un public souvent plus jeune, moins scolarisé, économiquement plus fragilisé et moins enclin à consulter le réseau d'aide.

Chez nos usagers, la fragilité socio-économique s'accompagne généralement d'autres fragilités psycho-sociales. Les trajectoires de vie sont alors marquées d'une grande instabilité émotionnelle et affective. Le parcours amoureux, même à un jeune âge, est chaotique, émaillé de nombreuses rencontres et de mises en ménage qui ont échoué. Une plus grande proportion d'usagers judiciarisés présente des fragilités socio-économiques, il est donc logique de retrouver plus de personnes célibataires ou en rupture dans cet échantillon. Soulignons aussi que pour les personnes consultant notre service de façon volontaire, la demande d'aide est souvent directement motivée par la volonté de préserver les liens conjugaux et familiaux. L'étude qualitative de Gagne M.-H., Fortin D., menée auprès d'un échantillon de clients, majoritairement volontaires, consultant au Centre Option pour auteurs de violences conjugales à Montréal montre que le désir de conserver le couple ou la famille intacts ou bien encore l'espoir d'une réunification après rupture sont fréquemment associés au motif de consultation[19].

La lenteur inhérente aux procédures judiciaires pourrait aussi, pour les probationnaires du moins, expliquer partiellement ces différences statistiques puisque la prise en charge des auteurs judiciarisés se fait souvent longtemps après la commission des faits qui a justifié une condamnation. Au moment de notre intervention, la situation familiale de l'intéressé a changé, la victime a quitté le domicile commun ou un divorce a été prononcé. Pour les volontaires, la demande d'aide est généralement proche dans le temps des derniers faits de violence.

Enfin, les chiffres montrent que très peu d'usagers font appel volontairement à nos services pour des faits de violences intrafamiliales autres que conjugales. Le tabou et la stigmatisation sociale qui entourent encore dans nos sociétés la maltraitance sur enfants et ascendants donne peut-être un début d'explication. Ce constat devrait nous inviter à poser la question de la visibilité auprès des professionnels et du grand public de nos actions et de notre engagement sur cette problématique particulière.

19. Voir Gagne M.-H., Fortin D., « Trajectoires d'abandon de la thérapie de groupe s'adressant à des conjoints violents », *Revue canadienne de service social*, 46 (2-3), 1997 pp. 322-323.

3.2. *Le phénomène de persévérance ou d'abandon dans nos groupes de responsabilisation*

Cette seconde partie reprend les résultats des analyses inférentielles qui avaient pour objectif de mettre en lumière les mécanismes d'affiliation à nos dispositifs d'accompagnement en groupe. Cette présentation chiffrée s'accompagne d'une revue de la littérature scientifique sur la problématique de l'abandon et de la persévérance dans les programmes pour conjoints violents.

3.2.1. Les données chiffrées

Remarques préalables

Les variables dépendantes qui ont été retenues pour rendre compte du phénomène de rétention ou d'abandon dans nos groupes de responsabilisation portaient sur le nombre d'heures prestées en groupe[20], l'état de la prestation[21] et l'étape d'interruption[22]. Celles-ci ont été croisées avec l'ensemble des variables sociodémographiques, socio-économiques, familiales et judiciaires. Nous y avons également ajouté une variable concernant le type de dispositif groupal[23].

20. Un cycle complet représente quarante-deux heures de travail en groupe.

21. Dans nos bases de données, l'état de la prestation correspond à « terminé » ou « interrompu ».

22. Les stades d'abandon ont été définis par cap sur base du nombre d'heures prestées auxquelles correspond une phase précise de notre programme. Cinq caps ont ainsi été définis : « non commencé » ; « phase d'engagement » ; « phase de bilan » ; « phase de travail » et « terminé ».

23. Nous proposons à Praxis deux types de dispositif groupal : le groupe ouvert et le groupe fermé. Un cycle complet en groupe ouvert représente vingt et une séances hebdomadaires de deux heures. Le groupe est accessible toute l'année. Neuf places y sont disponibles. Dès qu'un usager quitte le dispositif, il est remplacé par un autre. Tous les participants au groupe ne sont donc pas au même stade dans leur accompagnement. En groupe fermé, tous les membres du groupe démarrent et finissent ensemble. Le groupe fermé propose un accompagnement intensif puisque le travail s'effectue sur six journées complètes de sept heures. Pour une description détaillée de nos méthodologies de travail, nous renvoyons à l'article de Vincent Libert, présent dans cet ouvrage.

Si les analyses menées par le Centre VITRA nous ont permis de collationner un certain nombre d'informations sur les personnes qui terminent nos programmes ainsi que sur les facteurs associés à la persévérance dans nos groupes, certains partis pris méthodologiques qui ont guidé la recherche, en ont également limité le champ d'investigation et défini à l'avance les limites.

Ainsi, dans l'analyse de nos données, la définition des stades d'abandon qui a été retenue par les chercheurs ne distingue pas la phase des entretiens préalables de la phase d'engagement dans le groupe[24]. Ce choix implique donc de considérer toute personne ayant au moins participé à un entretien préalable comme déjà engagée dans le programme. Pourtant, comme le souligne Rondeau *et al.*, on pourrait estimer qu'à ce stade, la notion d'abandon n'est pas pertinente pour qualifier la démarche de ces hommes puisque la participation au programme n'a pas encore fait l'objet d'un engagement explicite[25]. Il arrive en effet qu'à ce stade, nous refusions ou réorientions une personne vers un autre service ou proposions un suivi individuel[26]. Ce point pose davantage la question des facteurs objectifs et subjectifs sur lesquels se fondent l'acceptation ou non des personnes dans nos groupes que réellement la question de l'abandon. Cette question mériterait à elle seule l'objet d'une recherche.

3.2.1.1. Les usagers judiciarisés

Le taux de rétention

Pour notre échantillon d'usagers judiciarisés, tous types de dispositifs confondus, il apparaît que seuls 36,34 % ont terminé le programme. On note que 8,5 % des usagers ne se sont jamais présentés aux entretiens préalables. 48 % des aban-

24. L'entrée dans un groupe est toujours précédée de deux entretiens individuels. Nous renvoyons à la description de nos programmes.

25. Rondeau G., Brochu S., Lemire G., Brodeur N., *op. cit.*, p. 27.

26. Nos critères d'exclusion sont : la non reconnaissance des faits, la présence d'un problème de santé mentale grave, une maîtrise insuffisante de la langue française ou bien encore des raisons d'indisponibilité horaire.

dons surviendraient au stade de la phase d'engagement soit entre le premier entretien et la signature de l'engagement en groupe.

Les variables associées à la persévérance dans le programme

Les variables sociodémographiques

Parmi ces variables, seules celles relatives à l'âge et au niveau d'études se sont révélées significatives. On note en effet que l'âge moyen des usagers ayant terminé le programme est de 39,8 ans alors que l'âge moyen de ceux qui ont abandonné est de 36 ans. Cet écart est d'autant plus marqué pour les personnes n'ayant jamais atteint le stade des entretiens préalables puisqu'ici la moyenne d'âge ne dépasse pas les 31,45 ans.

On constate également une corrélation positive entre l'accomplissement complet du programme et un niveau d'études plus élevé.

Aucune différence n'a été observée en ce qui concerne la nationalité.

Les variables économiques

L'analyse des variables économiques montre que les hommes judiciarisés disposant d'un emploi terminent le programme dans une plus grande proportion que les personnes recevant des allocations sociales diverses. Cette différence est d'autant plus marquée pour les ouvriers et les employés chez qui on retrouve les taux de rétention dans le programme les plus élevés variant respectivement entre 47,5 % et 58,4 % pour seulement 32,9 % chez les allocataires sociaux.

Les variables relatives à la situation familiale

Au niveau des données familiales, on observe également des différences significatives puisque 44,3 % des hommes vivant en couple ont terminé leur prestation alors que seuls 35,3 % des hommes ayant déclaré vivre sans leur conjointe sont allés jusqu'au terme du programme.

Les variables judiciaires

Concernant les variables judiciaires, les résultats de l'analyse révèlent une corrélation positive entre l'origine de la mesure et le taux de terminaison. Les personnes référées à Praxis dans le cadre d'une mesure de médiation pénale sont plus nombreuses (46,4 %) à aller au bout des vingt et une séances de groupe comparativement aux hommes référés dans le cadre d'une alternative à la détention préventive (18,5 %) ou d'un suivi probatoire (32,2 %).

La présence d'antécédents judiciaires est également positivement corrélée avec le fait de terminer la prestation. En effet, 41,9 % des hommes n'ayant jamais eu de condamnation antérieure sont allés au bout du programme, pour les autres, le taux de terminaison tombe à 26,9 %.

Enfin, les variables relatives à la nature de la violence exercée et la consommation d'alcool ou de psychotropes au moment des faits se sont révélées non significatives.

Les variables associées au type de dispositif

Les analyses statistiques indiquent une corrélation forte entre le type de dispositif et la persévérance dans le groupe. Les chiffres montrent que le taux de terminaison dans le dispositif de groupe fermé est pratiquement deux fois plus important que dans les groupes ouverts.

3.2.1.2. Les usagers non judiciarisés

Le taux de rétention

Pour notre échantillon d'usagers non judiciarisés, tous types de dispositifs confondus, on note un taux d'abandon de 83 %. 17 % seulement ont terminé le programme. 78 % des abandons surviendraient dans la phase d'engagement.

Les variables associées à la persévérance dans le programme

Pour les auteurs non judiciarisés, seules quelques variables démographiques et économiques se sont révélées avoir une influence sur la persévérance dans le programme. Ainsi, un niveau d'études plus élevé et l'occupation d'un emploi se sont avérés corrélés positivement. Nous ne disposons curieusement d'aucune donnée sur l'âge. Les variables associées à la situation familiale et autres données judiciaires nous sont apparues comme peu pertinentes à ce niveau.

Si l'on se penche sur les variables relatives au type de dispositif proposé, on retrouve la même corrélation que dans le précédent échantillon à savoir que les personnes allant au terme du programme sont proportionnellement largement plus nombreuses dans les groupes fermés (48 %) que dans les groupes ouverts (13,3 %).

Enfin, l'origine de la demande s'est révélée également avoir une influence sur le maintien dans le dispositif puisqu'il ressort de l'analyse des données que les personnes référées à Praxis par la Police sortent plus tôt du programme. Les personnes référées par l'entourage ou par un service d'aide ou de soins de santé, quant à elles, ont significativement plus de chance d'aller au terme du programme.

3.2.1.3. Données comparatives et conclusions

Toutes populations confondues, on constate un taux d'abandon important (69,4 %). Ce taux est d'autant plus marqué pour les usagers non judiciarisés dont seuls 17 % compléteraient le programme.

Les abandons se produisent majoritairement dans la phase d'engagement à savoir entre le premier entretien d'accueil et la cinquième séance de groupe.

On constate un taux de rétention plus important dans les groupes fermés.

Le profil type de l'usager qui complète le programme a la quarantaine, occupe une activité professionnelle, vit en couple, n'a pas d'antécédents judiciaires et participe au programme dans le cadre d'une contrainte judiciaire.

3.2.2. Les constats dans la littérature

Les résultats de l'analyse statistique fournissent des résultats bruts, peu discutables. Elle amène une objectivation du phénomène de rétention et d'abandon dans nos groupes mais peu d'éléments explicatifs. Comment comprendre par exemple un taux de rétention plus élevé selon le mode de dispositif groupal proposé ? La présence de variables cliniques et qualitatives fait incontestablement défaut pour rendre compte du processus étudié. Les données recueillies permettent, certes, une objectivation de nos demandeurs mais aucune analyse réflexive des variables qualitatives liées à notre offre de services.

La littérature scientifique, principalement nord-américaine, regorge d'études consacrées au phénomène de l'abandon dans les programmes thérapeutiques proposés aux auteurs de violences conjugales. Au Canada et aux États-Unis, de nombreux programmes d'aide s'adressant à cette population et utilisant le groupe comme méthodologie ont ainsi fait l'objet d'études diverses. Nous en proposons ci-dessous une petite synthèse afin de mettre en perspective nos propres résultats.

3.2.2.1. Le phénomène d'abandon dans les groupes pour conjoints violents

Le rejet de l'aide professionnelle est un phénomène largement répandu quelle que soit la filière de soins de santé. Bergeron *et al.* évoquent les chiffres suivants : en santé mentale, 25 à 50 % des personnes ayant formulé une demande d'aide ne se présenteraient jamais au premier entretien, 23 % ne poursuivraient pas au-delà de cette première étape et 69 % abandonneraient avant la dixième rencontre[27]. Gagne et Fortin rapportent des chiffres quasi similaires 30 à 60 % des individus

27. Bergeron J., Landry M., Brochu S., Cournoyer L.-G., *Les déterminants de la persévérance des clients dans les traitements de réadaptation pour l'alcoolisme et la toxicomanie : une approche multidimensionnelle*, Rapport de recherche subventionnée par le Conseil québécois de la recherche sociale, Montréal, 1997, pp. 4-5.

qui s'engagent dans un processus thérapeutique mettent fin prématurément à leur démarche[28]. Pour les programmes proposant un travail thérapeutique en groupe, des résultats identiques ont été observés[29].

Si on se penche plus spécifiquement sur les programmes pour auteurs de violences conjugales, on arrive au même constat. Seul un quart des auteurs ayant formulé une demande d'aide se présenteraient à un premier rendez-vous, et seule la moitié d'entre eux poursuivraient au-delà de la première rencontre. Une fois engagés dans le processus, les taux d'abandon varient entre 50 et 70 %[30].

Citons quelques données récentes. Dans une étude portant sur une cohorte de 308 hommes ayant intégré un programme d'aide pour auteurs de violences conjugales dans l'Ontario, Scott[31] constate un taux d'abandon de 61,4 %. Daly *et al.*, dans leur recherche menée auprès de quatre organismes américains comprenant un échantillon de 220 hommes, rapportent, quant à eux, un taux d'attrition de 52 %[32]. Notons toutefois que, dans cette étude, les auteurs ont considéré chaque homme ayant accompli au moins 18 séances de groupe comme ayant terminé le programme même s'il s'agit d'une terminaison prématurée au regard du nombre initial de séances prévues. Mathieu *et al.* sur un échantillon de 80 hommes participant aux séances de groupe du Centre Après-Coup de

28. Gagne M.-H., Fortin D., *op. cit.*, p. 309.

29. *Ibid.*, p. 7, citant une méta-analyse réalisée par Botswick G.J., « "Where is Mary?" A review of the group treatment dropout litterature », *Social Work with Groups*, 10(3), 1987, pp. 117-132.

30. Rondeau G., Brochu S., Lemire G., Brodeur N., *op. cit.*, p. 8, citant les résultats de diverses méta-analyses. Voir aussi Mathieu C., Belanger C., Brisebois H., « Thérapie de groupe pour hommes violents envers leur conjointe : abandon thérapeutique chez ces hommes », *Santé mentale au Québec*, Vol. 31, n° 1, 2006, pp. 169-173.

31. Scott K.L., « Stage of Change as a Predictor of Attrition Among Men in a Batterer Treatment Program », *Journal of Family Violence*, vol. 19, n° 1, 2004, pp. 37-47.

32. Daly J.E., Power T.G., Gondolf E.W., « Predictors of Batterer Program Attendance », *Journal of Interpersonal Violence*, Vol. 16, n° 10, 2001, pp. 971-991.

Montréal, observent, quant à eux, 63,4 % d'abandon dans le groupe. Ceux-ci surviendraient essentiellement aux alentours de la huitième séance[33].

Enfin, évoquons encore la recherche de Rondeau *et al.* menée auprès de huit organismes québécois d'aide aux auteurs de violences conjugales. Ici, les résultats montrent un taux d'abandon dans les groupes thérapeutiques de 62,7 %. Ces abandons surviendraient majoritairement au cours des six premières séances. Ces auteurs notent aussi un taux d'attrition pré-thérapeutique important de 44 %. Cette recherche a l'avantage de présenter pour nous un point de comparaison intéressant dans la mesure où les programmes ayant accepté de participer à cette recherche proposent des méthodologies d'intervention s'apparentant directement avec celle utilisée à Praxis[34].

Le taux d'abandon élevé observé dans nos groupes (69,4 %) apparaît donc cohérent au regard des chiffres avancés dans la littérature.

3.2.2.2. Les facteurs associés à l'abandon et à la persévérance dans les programmes pour auteurs de violences conjugales

Comme nous l'avons décrit ci-dessus, l'analyse de notre banque de données par le Centre de recherche VITRA nous a permis de mettre en évidence un certain nombre de variables[35] en lien avec un abandon précoce dans le groupe. Ces variables sont l'âge, le niveau d'études, la précarité socio-économique, le fait de vivre ou non en couple, la présence d'antécédents judiciaires ainsi que l'existence ou non d'une contrainte judiciaire.

33. Mathieu C., Belanger C., Brisebois H., *op. cit.*, p. 177.

34. Rondeau G., Brochu S., Lemire G., Brodeur N., *op. cit.*, pp. 69-70. Cette étude porte sur un échantillon de 931 individus. Les organismes québécois concernés par l'étude sont Accord-Mauricie, Accroc, Après-Coup, Caho, Gapi, Halte-Bois-Francs, Option et Pro-Gam.

35. Rappelons que notre banque de données ne comprend que des variables de type sociodémographique.

Ces résultats sont sans surprise. Ils rencontrent largement les données recueillies dans la littérature[36]. Ainsi, la plupart des études qui mettent en avant les facteurs sociodémographiques comme variables prédictibles de l'abandon dans les groupes thérapeutiques s'accordent-elles pour dire que les individus jeunes, célibataires, ayant un faible niveau d'instruction ainsi qu'un statut socio-économique précaire éprouvent plus de difficultés à se maintenir dans les programmes pour auteurs de violences conjugales. Ces diverses études montrent également que la présence d'une contrainte judiciaire aurait un impact positif sur la rétention dans le groupe et que les hommes présentant un passé judiciaire auraient plus souvent tendance à abandonner prématurément.

D'un point de vue scientifique, ce type d'études présente toutefois un intérêt limité. Comme le soulignent Bergeron *et al.*, les études ne prenant en compte que ce type de variables se révèlent souvent décevantes puisqu'elles fournissent sur le plan clinique peu d'indications pertinentes pour améliorer la rétention dans le traitement[37].

D'autres auteurs se sont efforcés de mettre en avant des variables d'un type différent afin de mieux comprendre le phénomène de l'attrition dans le groupe pour auteurs de violences conjugales. Ainsi, DeHart *et al.*[38] ont abordé, mais sans résultats, la question de l'attrition sous l'angle du degré de sévérité des violences agies à l'encontre de la conjointe et des conséquences psychologiques sur celle-ci.

Plus récemment, Mathieu *et al.*[39] ont proposé une lecture prenant en compte comme déterminants de l'abandon un

36. Pour une revue de littérature, voir Rondeau G., Brochu S., Lemire G., Brodeur N., *op. cit.*, pp. 10-15 ; Gagne M.-H., Fortin D., *op. cit.*, pp. 310-316 ; Daly J.E., Power T.G., Gondolf E.W., *op. cit.*, p. 973 ; Scott K.L., *op. cit.*, pp. 37-39. Notons que longtemps les recherches portant sur l'attrition dans le groupe pour auteurs de violences conjugales se sont focalisées presque exclusivement sur les données de type sociodémographique pour prédire l'abandon.

37. Bergeron J., Landry M., Brochu S., Cournoyer L.-G., *op. cit.*, p. 6.

38. DeHart D., Kennerly R., Burke L., Follingstad D., « Predictors of Attrition in a Treatment Program for Battering Men », *Journal of Family Violence*, Vol. 14, n° 1, 1999, pp. 19-34.

39. Mathieu C., Belanger C., Brisebois H., *op. cit.*, pp. 169-187.

ensemble de variables liées à la relation de couple telles que l'ajustement dyadique, le mode de résolution des conflits dans le couple, le niveau de colère au sein de la relation, l'attachement ainsi que le stress marital. Aucune de ces variables ne s'est toutefois révélée opérante pour prédire l'abandon dans un groupe.

Rondeau, Lindsay *et al.*[40] ont tenté, pour leur part, d'appliquer le modèle transthéorique de changement développé par Prochaska et Di Clemente à une population d'auteurs de violences conjugales fréquentant divers programmes d'aide de la région de Montréal[41]. Cette étude avait entre autres pour objectifs de vérifier dans quelle mesure les stades et les stratégies de changement, la balance décisionnelle ainsi que les tentations de recourir à la violence[42] pouvaient être des instruments utiles pour prédire les abandons pré-thérapeutiques ainsi que les abandons dans les groupes avec comme hypothèse de départ que les hommes se trouvant dans des stades de changement moins avancés, employant moins de stratégies de changement, percevant plus de coûts que de bénéfices au changement et étant plus tentés de recourir à la violence auraient plus tendance à ne pas s'engager dans le travail de groupe ou à quitter prématurément le programme. Les résultats obtenus sont mitigés puisque les auteurs concluent que :

> Il paraît peu probable que la disposition au changement, tel que mesuré dans cette étude, soit un bon indicateur prédictif des décisions des conjoints aux comportements violents à poursuivre dans le traitement. Cela ne veut cependant pas dire que l'on doit délaisser complètement le modèle transthéorique comme cadre de référence

40. Rondeau G., Lindsay J., Brochu S., Brodeur N., *Application du modèle transthéorique du changement à une population de conjoints aux comportements violents*, Centre de recherche interdisciplinaire sur la violence familiale et la violence faite aux femmes, Montréal, Université de Montréal, Collection « Études et Analyses », 35, 2006, 76 pp.

41. Parmi ces centres figure Option.

42. Pour une description de ces concepts nous renvoyons à Rondeau G., Lindsay J., Brochu S., Brodeur, N., *op. cit.*, pp. 3-11.

pour étudier le phénomène de l'abandon [...][43]. Le modèle conçoit en effet la disposition au changement comme une variable dynamique qui peut être influencée positivement ou négativement par les intervenants. Les recherches futures devraient donc inclure des mesures permettant de comprendre quels éléments de l'intervention facilitent la progression parmi les stades de changement et stimule la participation au programme.

Il s'agirait notamment de complexifier le modèle en analysant plus en profondeur des facteurs d'aide au maintien dans le dispositif davantage reliés aux conditions mêmes du traitement telles que l'alliance thérapeutique.

Cette conclusion rejoint celle que formulait déjà Botswick[44] dans sa recension d'écrits relatifs aux départs prématurés dans les thérapies de groupe. Afin de mieux appréhender et remédier au phénomène d'abandon, ce dernier souligne l'importance d'analyser les facteurs reliés au processus thérapeutique même tels que la pertinence du traitement, la qualité de la relation entre l'usager et l'intervenant, la façon dont se présente le client en entretien, le soutien et l'intérêt que porte l'intervenant au client ou encore l'acceptation par le groupe. Les travaux de Cadsky *et al.*[45] vont sensiblement dans le même sens. Après avoir analysé plus de 150 variables susceptibles d'influer sur la persévérance, ils concluent que plus l'adéquation est grande entre la problématique de l'usager et le programme de traitement offert, plus il y a de chance que ce dernier complète le programme.

43. En effet, d'autres études indiquent que l'évaluation des stades de changement peut être un bon indicateur prédictif de l'abandon pour les intervenants, voir notamment Scott K.L., « Stage of Change as a Predictor of Attrition Among Men in a Batterer Treatment Program », *Journal of Family Violence*, Vol. 19, n° 1, 2004, pp. 37-47.

44. Botswick G.J., *op. cit.*, cité par Gagne M.-H., Fortin D., *op. cit.*, pp. 311-312.

45. Cadsky O., Hanson K.R., Crawford M., Lalonde C., « Attrition From a Male Batterer Treatment Program: Client-Treatment Congruence and Lifestyle Instability », *Violence and Victims*, Vol. 11 (1), 1996, pp. 51-64, cité par Rondeau G., Brochu S., Lemire G., Brodeur N., *op. cit.*, p. 16.

Dans un article traitant de l'avenir de la recherche en psychothérapie, Hill et Corbett[46] insistent, quant à eux, sur l'importance de vérifier des modèles complets incluant autant les variables individuelles (variables sociodémographiques, motivation au changement, attentes, motifs de consultation, détresse psychologique), les variables propres au processus thérapeutique (satisfaction du client, qualité de l'alliance thérapeutique, durée du traitement, délais d'attente, durée du programme, type de groupe (ouvert versus fermé)) que des variables externes relatives au vécu et à l'environnement du client (pression du système judiciaire, de l'entourage, de l'employeur, survenance d'événements critiques dans la vie de l'usager, etc.).

Le modèle éco-systémique développé par Rondeau *et al.* intègre toutes ces dimensions. Postulant que la poursuite ou l'abandon d'un traitement dépendent des interactions entre les individus et les diverses composantes de leur environnement, Rondeau *et al.* proposent une grille de lecture éco-systémique pour analyser les facteurs reliés à la persévérance dans le traitement. Ce modèle regroupe les variables selon plusieurs niveaux environnementaux : l'ontosystème, les microsystèmes ainsi que le mésosystème. L'ontosystème regroupe les déterminants propres à l'usager tels que les variables sociodémographiques, les variables psychologiques, les éléments biographiques, le degré de violence ainsi que les problèmes d'addiction. Les deux principaux microsystèmes retenus dans leur modèle sont les programmes de traitement et la famille. Pour les programmes de traitement, trois variables ont été prises en compte par les chercheurs : la durée, les délais d'attente et l'accessibilité géographique. Pour la famille, les variables retenues sont la durée de la relation, le fait de vivre ou non ensemble, le statut légal de la relation, le nombre d'enfants issus de la relation ou vivant avec le couple, les modifications structurelles survenues dans le couple. D'autres

46. Hill C.E., Corbett M.M., « A Perspective on the History of Process and Outcome Research in Counselling Psychology », *Journal of Counselling Psychology*, Vol. 40, 1993, pp. 3-24, cité par Bergeron J., Landry M., Brochu S., Cournoyer L.-G., *op. cit.*, p. 9.

microsystèmes sont également pris en compte : les institutions de contrôle social et le travail. Les variables mésosystémiques, quant à elles, rendent compte de l'influence qu'exercent les microsystèmes sur l'individu. Il s'agit d'un ensemble de variables interactionnelles comme la satisfaction à l'égard de la relation conjugale, l'alliance thérapeutique, le climat du groupe, la pression sociale (institutionnelle ou familiale) et le soutien social. Enfin, ces différents niveaux sont analysés dans une perspective dynamique (chronosystème). L'influence de l'une ou l'autre variable variant avec le temps[47]. Les auteurs ont appliqué ce modèle à un échantillon de 961 hommes participant à divers groupes thérapeutiques pour conjoints violents de la région de Montréal.

Au-delà de la pertinence ou non de proposer de tels modèles prédictifs aussi complexes soient-ils, les conclusions de cette recherche nous apparaissent ouvrir de riches perspectives pour l'amélioration de la prise en charge des auteurs de violences conjugales. Parce que, si, sans surprise, celle-ci conclut à l'influence indéniable des caractéristiques individuelles des usagers dans le phénomène de l'abandon thérapeutique (l'âge, le niveau d'instruction, la précarité sociale et financière) et conforte en cela les données des études précédentes, elle met en avant, ainsi que le suggéraient Botswick et les travaux de Cadsky *et al.*, la pertinence de l'alliance thérapeutique[48] comme facteur favorisant la persévérance dans le traitement[49]. Les auteurs constatent en effet que :

> Parmi les six variables qui démarquent le plus les hommes ayant terminé le programme de ceux ayant abandonné, le développement de

47. Pour une description plus approfondie du modèle nous renvoyons à Rondeau G., Brochu S., Lemire G., Brodeur N., *op. cit.*, pp. 18-25.

48. L'alliance thérapeutique telle que retenue par les auteurs comprend quatre composantes distinctes : l'engagement du client, sa capacité de travail, la compréhension et l'implication du thérapeute ainsi que le consensus quant aux stratégies à utiliser dans le travail psychothérapeutique. Le climat de groupe est un corollaire du concept d'alliance thérapeutique quand il s'agit de thérapie de groupe.

49. *Ibidem*, pp. 87-88.

> l'alliance thérapeutique apparaît comme le facteur le plus saillant. Intervenir en favorisant l'engagement du client, en développant sa capacité de travailler sur ses problèmes et en forgeant avec lui un consensus sur les objectifs de la thérapie peut donc porter ses fruits[50].

Au niveau du groupe, cette notion d'alliance thérapeutique requiert également une grande importance puisque selon la théorie de Garland, Jones et Kolodny[51], c'est dans les cinq premières séances de groupe qu'elle se crée. Or, nous avons pu constater que les abandons précoces surviennent majoritairement aux alentours de la sixième séance. Soulignons aussi que les variables organisationnelles telles que la durée du traitement, le type de groupe, les délais d'attente ne semblent pas avoir d'influence directe sur la persévérance dans le traitement.

Autre intérêt de cette recherche, est le point de vue dynamique adopté par les auteurs dans leur modèle éco-systémique. En analysant les interactions dans le temps des divers systèmes entre eux, les auteurs introduisent la notion de trajectoire de demande d'aide. Cette notion est importante puisqu'elle permet d'envisager la demande non pas comme une donnée figée mais évolutive, s'inscrivant dans une longue période de temps pouvant nécessiter l'exercice répété de pressions sociales diverses et pouvant être freinée ou encouragée par un ensemble de facteurs environnementaux critiques.

> Ainsi, même si certains hommes ont été exposés très brièvement au traitement, les témoignages recueillis dans le volet qualitatif de l'étude indiquent que cette participation leur a permis de reconnaître qu'ils ont des comportements violents, de prendre conscience du caractère inacceptable de ceux-ci, d'entendre parler des hommes qui sont résolument impliqués dans un processus de changement et d'identifier une ressource d'aide à laquelle ils pourront recourir lorsqu'ils seront prêts à changer[52].

50. *Ibidem*, p. 139.
51. Citée par Rondeau G., Brochu S., Lemire G., Brodeur N., *op. cit.*, pp. 35-36.
52. *Ibidem*, p. 141.

L'étude montre d'ailleurs que les hommes qui ont déjà par le passé eu contact avec un organisme d'aide pour des problèmes de violences conjugales ont plus de probabilité d'intégrer le groupe[53].

Enfin, il est intéressant de relier cette étude, réalisée à grande échelle, aux conclusions de la recherche qualitative menée par Gagne et Fortin[54] qui visait plus spécifiquement à explorer les conditions liées au processus thérapeutique qui amènent un usager à quitter prématurément un groupe d'aide. Cette recherche a été menée sur un échantillon de vingt-huit participants au programme Option à Montréal et démontre que :

> L'abandon de la thérapie de groupe pour conjoints violents doit être considéré non pas comme un phénomène en soi mais plutôt comme l'aboutissement d'un processus. Lorsqu'un conjoint violent décide ou se voit obligé de suivre une thérapie de groupe, il s'engage dans une trajectoire dont la destination finale est déterminée par l'interaction mouvante de facteurs individuels, relationnels, thérapeutiques et environnementaux. La configuration de ces interactions peut, à un moment donné, précipiter l'abandon[55].

Parmi ces facteurs, le climat de groupe revêt une importance toute particulière. Ainsi parmi les motifs d'abandon évoqués par les participants beaucoup nomment le rejet par les autres membres du groupe ou un niveau de groupe trop avancé comme raison du décrochage prématuré dans le programme. Des facteurs tels que des changements fréquents dans la coanimation ou des suspensions de séances pourraient également influer sur l'abandon[56].

En mettant en avant le concept d'alliance thérapeutique comme facteur favorisant l'engagement dans le travail de

53. *Ibidem*, p. 139.

54. Gagne M.-H., Fortin D., « Trajectoires d'abandon de la thérapie de groupe s'adressant à des conjoints violents », *Revue canadienne de service social*, 46 (2-3), 1997, pp. 322-323.

55. *Ibidem*, p. 336.

56. *Ibidem*, pp. 330-339.

groupe, ces deux recherches ouvrent des perspectives cliniques intéressantes dans la mesure où ce champ est le seul sur lequel en tant qu'intervenant nous avons prise. Veiller au climat et à la stabilité du groupe, adopter une plus grande souplesse dans le dispositif proposé pour l'adapter aux besoins individuels de l'usager, voilà autant de pistes prometteuses pour augmenter la rétention dans les groupes.

La notion de trajectoire nous semble importante également dans la mesure où elle permet de relativiser la notion d'abandon en offrant une lecture dynamique du phénomène qui n'est pas nécessairement à lire comme un échec du traitement mais une étape dans un processus long et complexe de changement favorisé ou freiné par un certain nombre de facteurs individuels et de contingences externes.

Fabienne Hodiaumont, 2012

BIBLIOGRAPHIE

Aertsen I., Kumps N., Lembrechts L., Offermans A.-L., *Évaluation des projets de traitement/aide aux auteurs de violence entre partenaires*, Leuven, rapport imprimé par la KUL, 2006.

Alvarez B.J., *Predictors of Dropouts of Domestic Violence Focused Couples Treatment*, Master of Science in Human Development's Thesis submitted to the Faculty of the Virginia Polytechnic Institute and State University, Virginia, Falls Church, 2003, 75 pp.

Bergeron J., Landry M., Brochu S., Cournoyer L.-G., *Les déterminants de la persévérance des clients dans les traitements de réadaptation pour l'alcoolisme et la toxicomanie: une approche multidimensionnelle*, Montréal, Rapport de recherche subventionnée par le Conseil québécois de la recherche sociale, 1997, 99 pp.

Daly J.E., Power T.G., Gondolf E.W., « Predictors of Batterer Program Attendance », *Journal of Interpersonal Violence*, Vol. 16, n° 10, 2001, pp. 971-991.

De Hart D., Kennerly R., Burke L., Follingstad D., « Predictors of Attrition in a Treatment Program for Battering Men », *Journal of Family Violence*, Vol. 14, n° 1, 1999, pp. 19-34.

Direction Générale Statistique et Information Économique, *Aperçu statistique de la Belgique: Chiffres clés 2007*, Bruxelles, SPF Économie, 2008.

Gagne M.-H., Fortin D., « Trajectoires d'abandon de la thérapie de groupe s'adressant à des conjoints violents », *Revue canadienne de service social*, 46 (2-3), 1997, pp. 309-340.

Gaudreault A., « La violence conjugale. Les relations victimiseur/victimisé » in Cario R., Mbanzoulou P., *La victime est-elle coupable*, Paris, L'Harmattan, 2004, pp. 61-70.

Lindsay J., Turcotte D., Montminy L., Roy V., *Les effets différenciés de la thérapie de groupe auprès de conjoints violents : une analyse des facteurs d'aide*, Centre de recherche interdisciplinaire sur la violence familiale et la violence faite aux femmes, Université de Montréal, Collection « Études et Analyses », 34, 2006, 108 pp.

Mathieu C., Belanger C., Brisebois H., « Thérapie de groupe pour hommes violents envers leur conjointe : abandon thérapeutique chez ces hommes », *Santé mentale au Québec*, Vol. 31, n° 1, 2006, pp. 169-187.

Rondeau G., Lindsay J., Brochu S., Brodeur N., *Application du modèle transthéorique du changement à une population de conjoints aux comportements violents*, Centre de recherche interdisciplinaire sur la violence familiale et la violence faite aux femmes, Université de Montréal, Collection « Études et Analyses », 35, 2006, 76 pp.

Rondeau G., Brodeur N., Boisvert R., Forney A., *Évaluation du programme intensif de traitement pour conjoints violents offert par l'organisme Après-coup*, Centre de recherche sur la violence familiale et la violence faite aux femmes, Université de Montréal, Collection « Études et Analyses », 25, 2002, 58 pp.

Rondeau G., Brochu S., Lemire G., Brodeur N., *La persévérance des conjoints violents dans les programmes de traitement qui leur sont proposés*, Centre de recherche interdisciplinaire sur la violence familiale et la violence faite aux femmes, Université de Montréal, Collection « Études et Analyses », 7, 1999, 149 pp.

Scott K.L., « Stage of Change as a Predictor of Attrition Among Men in a Batterer Treatment Program », *Journal of Family Violence*, Vol. 19, n° 1, 2004, pp. 37-47.

Élaboration de la parole du sujet dans sa singularité au sein du processus groupal

*Valérie **TRIQUOIT** et Frédéric **POULIART**;*
Psychologues

RÉSUMÉ

Les auteurs, s'appuyant sur une expérience de cothérapie de groupe d'auteurs de violence conjugale, articulent l'expression de leur singularité de sujet avec l'apport psychanalytique du processus groupal. À partir des liens intersubjectifs, des alliances inconscientes, de l'espace psychique du « commun » et du « partagé » et des fonctions de contenance et d'étayage du groupe, le travail en groupe ouvre notamment aux remaniements de la défaillance du lien, des identifications et des liaisons pulsionnelles.

Mots-clés : violence conjugale - processus groupal - liens intersubjectifs - sujet et subjectivité - alliances inconscientes - cothérapie - fonction de contenance et d'étayage

1 Introduction

Ce travail de coécriture a vu le jour suite à la sollicitation de la direction clinique de Praxis pour un article basé sur la demande suivante : décrire de façon nuancée et étayée le processus groupal et la manière dont la parole du sujet peut s'y élaborer de façon singulière.

Après un temps de concertation et d'échanges sur notre pratique clinique de quatre années de cothérapie, d'un retour dans les théorisations psychanalytiques du groupe, deux manières de penser ce travail sont envisagées : d'une part, d'axer la réflexion à partir de l'existence même du groupe et d'autre part, de se centrer sur un temps avant la première rencontre des personnes – nous leur donnons le nom de « sujet » dans la suite du texte – du groupe. Finalement, il a semblé pertinent d'intégrer ces deux approches en tant que processus groupal et d'attirer l'attention sur les éléments de ce processus où la singularité du sujet[1] est suscitée et s'élabore.

Avant ce développement, il paraît important de faire le lien entre le propos traité de cet article et la population qui est adressée ou qui s'adresse à Praxis.

2 Quelques repères cliniques chez les auteurs de violence conjugale

Afin d'éviter tout réductionnisme, il est souligné que, comme tout symptôme, l'agressivité conjugale n'existe et ne se

1. Le sujet est un terme utilisé en psychanalyse pour désigner l'individu, que l'on distingue alors :
- de ce que la personne peut connaître d'elle-même, le moi (généralement considéré comme une partie du sujet) ;
- et de ce que les autres peuvent connaître ou ressentir de cette personne (nécessairement incomplet, et potentiellement faux dans la mesure où ils peuvent lui prêter des caractéristiques étrangères à ce qu'il perçoit de lui-même).

Le processus qui vise à se réaliser en tant que sujet est central dans toutes les théories psychanalytiques. On parle de subjectivation (ou d'individuation).

maintient que parce qu'elle se trouve à la croisée de divers déterminants psychiques, les uns appartenant au passé du sujet et les autres à son présent. En ce qui concerne la violence conjugale, chez les auteurs est repéré un certain nombre de facteurs communs : le rapport à l'imago[2] maternelle archaïque, la défaillance du lien en rapport avec la crainte de l'abandon, les agressivités dont le sujet a été l'objet ou le témoin dans son enfance, les identifications[3] à l'Autre parental, la rencontre de l'altérité, la canalisation des pulsions, etc. Un choix s'est porté sur le développement de certains d'entre eux.

Tout d'abord, les identifications aux adultes significatifs de l'enfance. Celles-ci fondent en partie la structuration de la subjectivité et du fonctionnement psychique de chacun. Ces adultes de l'enfance sont des modèles conscients mais ils sont aussi l'objet d'identifications inconscientes qui amènent, à l'insu du sujet, à aimer et désirer, à haïr et agresser, comme eux ou en radicale opposition à eux. Renoncer à certaines de ces identifications peut susciter un sentiment d'infidélité à l'égard de l'adulte.

L'abandon et la crainte de l'abandon est un autre élément souvent présent. La jalousie conjugale y trouve ses racines ainsi que les agressivités qui surviennent lors de la plupart des séparations ou des divorces. En lien avec les identifications, un sujet peut par exemple « faire payer » le non-amour de sa mère à sa compagne qui l'a trompé et quitté. Imaginaire ou non, le sentiment d'abandon par l'Autre parental génère une agressivité qui, par transfert, se déplace sur le conjoint. Un autre exemple concerne l'arrivée d'un enfant dans le couple et la crainte d'abandon qu'il suscite chez le père. La tendance à

2. L'imago ou les imagos sont les représentations inconscientes des « objets » dans le sens psychanalytique, c'est-à-dire la mère, le père, les parents combinés.

3. L'identification est l'assimilation inconsciente, sous l'effet du plaisir libidinal et/ou de l'angoisse, d'un aspect, d'une propriété, d'un attribut de l'autre, qui conduit le sujet, par similitude réelle ou imaginaire, à une transformation totale ou partielle sur le modèle de celui auquel il s'identifie. L'identification est un mode de relation au monde constitutif de l'identité.

confondre la compagne et la mère abandonnant est d'autant plus forte lors de la grossesse de la conjointe.

Beaucoup de sujets suivis à Praxis éprouvent l'angoisse suscitée par l'imago maternelle archaïque séductrice, dominante et castratrice[4]. Celle-ci est construite par l'enfant à partir de ses diverses relations infantiles, des bribes de souvenirs, transformées par ses craintes mais aussi par ses désirs. Enfouies dans l'inconscient, elles viennent inévitablement perturber les relations de l'adulte avec autrui. Se retrouve alors dans leur discours ce qui a pu être un des éléments déclencheurs de leur agressivité, quand, par exemple, la compagne rappelle à son conjoint qu'il n'est pas «un homme» à ses yeux.

Lorsqu'un sujet est habité par de telles représentations, il est souvent aussi habité, en fonction de son histoire et de sa structure psychique, par diverses réactions défensives à l'égard de toutes celles qui incarnent, d'une manière ou d'une autre, cette imago maternelle archaïque.

Ces imagos trouvent leur origine tant dans la présence que dans l'absence des punitions, des limites et des contraintes qu'implique toute éducation des pulsions agressives et sensuelles de l'enfant. C'est à ce lieu notamment que l'imago paternelle y trouve une certaine place. Dans le discours des sujets est décelée la représentation d'un père tout puissant, dominateur, ou défaillant, que ce soit par son absence (réelle et/ou imaginaire), son alcoolisme ou son agressivité. Ces sujets, enfants, ont dès lors éprouvé des difficultés à trouver dans leur environnement une aide dans cette tâche difficile de canalisation des pulsions.

4. Qui peut engendrer le complexe de castration. Le complexe de castration prend des allures différentes chez le petit garçon et chez la petite fille. Lorsqu'il se déclenche, le premier craint de perdre ce qu'il a à la vue de son père, la seconde s'aperçoit de son manque et cherche à le combler, au moyen d'un bébé par exemple.

3 La singularité du sujet au début du processus groupal

Dans la mise en place du processus groupal, le travail d'assemblage des psychés occupe une place conséquente. Ce travail ne commence pas au moment où les sujets se rencontrent pour la première fois. Avant de se rencontrer, les participants d'un groupe à vocation thérapeutique, comme le propose Praxis, ont déjà formé certaines représentations et engagé certains investissements sur le groupe. Ces investissements du groupe montrent en quoi ils se sentent concernés personnellement et ce qu'ils auront en commun (autrement dit la problématique de la violence au sein de leur(s) couple(s) et/ou de la famille ou encore la contrainte judiciaire...) avec les autres.

Ce travail d'« avant-groupe » est aussi celui de la mise en œuvre de ce qui pourrait être nommé « pré-transfert », autrement dit ce qu'ils vont imaginer de la composition du groupe et de ses relations. Ce travail se manifeste quand des sujets font part de leurs pensées, de leurs impressions qui leur sont venues avant leur première séance, de ce qui les a conduits à y participer.

Le moment de la rencontre effective avec les autres sujets, « étrangers et non encore suffisamment familiers » comme le nomme R. Kaës (2007), suscite en chacun des turbulences et des incertitudes. Se protéger des coexcitations pulsionnelles[5] par la construction d'une pare-excitations[6] relève de la nécessité prioritaire.

À ce moment initial de la construction du groupe, les dispositifs pare-excitateurs internes de chacun des sujets peuvent apparaître comme insuffisants ou excessifs. Cette situation pourra se reproduire à d'autres moments du groupe (par

5. La coexcitation libidinale est un exemple de tentative de lien entre plaisir et déplaisir au service du traitement d'une expérience pouvant être traumatique.

6. Il s'agit d'une fonction consistant à protéger l'organisme contre les excitations en provenance du monde extérieur, qui par leur intensité, risqueraient de le détruire.

exemple lors du départ d'un sujet du groupe ou lors d'une nouvelle entrée).

Pour R. Kaës (2007), il existe un lien constant entre d'une part, les moments de changement des éléments organisant et liant les sujets du groupe, et d'autre part, les mobilisations des dispositifs de pare-excitations de chacun. Pour établir une protection commune et partagée au sein du groupe, un moment commun est réservé à chaque nouvelle entrée dans le groupe. Lors de la première séance d'un sujet, un élément constitutif du travail se met en place avec la présentation d'un document travaillé en entretien préliminaire individuel ainsi qu'avec la signature de l'engagement par le sujet et les cothérapeutes.

Dans un même temps, la procédure du « tour de présentation » où chacun se nomme et se définit en partie a pour but manifeste d'identifier qui parle à qui, de fournir des points de repère, mais son but profond est de rassurer et de protéger le moi et le groupe qui commence à prendre forme contre l'angoisse de l'inconnu, à l'extérieur et à l'intérieur.

Cette procédure ouvre à un mouvement d'identification[7] : ce tour a du sens dans la mesure où, par l'identification, il apporte à chacun la certitude de la présence d'un élément de l'autre à l'intérieur de soi et, à l'intérieur de chaque autre, un élément de soi. Non seulement un élément est de nouveau disponible en chacun, mais surtout il est identique, commun et partageable : il fait lien entre eux. Outre le fait que ce mouvement d'identification permet une fonction de pare-excitations, il enclenche aussi un processus d'assemblage sur un certain mode : l'espace psychique (interne) du sujet et l'espace psychique du groupe coïncidant momentanément, les sujets deviennent membres du groupe dans cette première sollicitation de leurs représentations internes.

L'alliance inconsciente, définie un peu plus loin, est un autre élément. Elle permet la formation du groupe sur des bases viables. Elle participe également à la formation de la réalité psychique inconsciente dans le groupe, dans les liens

7. *Ibid.*

entre les sujets du groupe et au sein des « sujets » membres du groupe.

En d'autres termes, avant de continuer le développement des autres points, le travail psychique de l'assemblage des psychés des sujets commence bien avant la séance de groupe. Une fois les sujets réunis, les premières mesures d'assemblage (d'accordage) sont celles qui assurent une fonction de pare-excitations et établissent les premières alliances inconscientes.

Selon l'apport de R. Kaës (2007), le groupe suscite des investissements et des représentations de chaque sujet. Il fonctionne comme une structure d'appel vers des emplacements psychiques des sujets nécessaires à son fonctionnement et à son maintien. C'est dans ces emplacements que viennent se représenter les « objets »[8], les « imagos »[9], les « instances »[10] et les « signifiants »[11] que les membres du groupe apportent dans ce dernier et qui sont désormais gérés et transformés par l'organisation du groupe.

Deux dynamiques principales apparaissent autour desquelles ont lieu la formation et la construction du groupe : l'une mobilise les ressources des sujets formant le groupe et l'autre est celle du groupe qui s'auto-organise en mettant à profit les ressources psychiques des sujets par attraction et contrainte. Pour R. Kaës (2007), l'assemblage des psychés des sujets repose sur la synergie entre ces dynamiques.

8. Dans la théorie psychanalytique, l'objet est un concept polysémique qui est envisagé de manière très différente dans les théories de S. Freud, celles de M. Klein, de D. Winnicott, de W.R. Bion et chez les théoriciens de la relation d'objet. C'est ce qui oriente l'existence de l'être humain en tant que sujet désirant.

9. *Ibid.*

10. Nous faisons référence à la topique freudienne reprenant le ça-moi-surmoi.

11. Le signifiant désigne la représentation mentale de la forme et de l'aspect matériel (ex : acoustique) du mot. En complémentarité au signifié qui, lui, renvoie à la représentation mentale d'une chose.

4 Le travail psychique en groupe : des liens à la singularité du sujet

Le groupe impose à ses sujets et ceux-ci s'imposent à eux-mêmes une série de contraintes psychiques. Le travail psychique en groupe implique d'une part, la rencontre avec l'autre et d'autre part, l'association des psychés des sujets qui s'assemblent et s'éprouvent dans leurs différences. De ce fait, chacun des sujets est amené à un remaniement intrapsychique. Ce travail psychique en groupe requiert plusieurs « exigences » reprises dans le travail de R. Kaës (2007).

Pour un premier élément de rapprochement entre cette théorisation et le travail avec les auteurs de violence conjugale, l'attention est portée notamment sur l'investissement par les sujets de l'objet « groupe » via leur libido[12] narcissique[13] et objectale (au sens d'objet défini plus haut). De cet investissement du « groupe », ils attendent de recevoir en retour les investissements nécessaires pour être reconnus par les autres comme sujet membre du groupe.

Un deuxième élément de rapprochement s'articule avec les interdits fondamentaux[14] dans leurs rapports avec le travail de civilisation et les processus de symbolisation[15] dans le

12. La libido (« le désir » en latin) désigne le désir sexuel.

13. Freud a introduit le concept. Il parle de narcissisme primaire sain, pour désigner une période de l'enfance où le bébé investirait préférentiellement sa personne, encore peu différenciée de celle de l'autre. Le « narcissisme secondaire » désignerait un investissement libidinal de soi qui se fait au détriment de l'investissement libidinal de l'autre. Il repose sur un moi différencié, ce qui le distingue du « narcissisme primaire ». Dans les cas les plus graves, cet investissement se fait en circuit fermé.

14. Les interdits fondamentaux, universels, coïncident avec les conditions d'existence de la culture elle-même, et sont au nombre de trois : ceux de l'inceste, du cannibalisme et du meurtre.

15. Dans un premier temps de théorisation, Freud oppose les deux registres de l'action et de la symbolisation. L'agir y est conçu comme un échec du langage ; la représentation de chose s'oppose à la représentation de mot. Cette théorie va de pair avec la conception du symptôme comme manque d'élaboration. Dans un deuxième temps de théorisation, l'action est vue comme première. L'acte et sa répétition permettent la symbolisation. Il s'agit

« groupe ». Dans une lecture freudienne, l'existence du renoncement mutuel à la réalisation directe des buts pulsionnels interdits est indispensable pour que s'établisse une « communauté de droits » garante des liens stables et fiables (qui semblent avoir tant fait « fragilités » chez les sujets des groupes). Il en découle des alliances inconscientes structurantes, la formation de sens, l'activité de symbolisation et d'interprétation, mais aussi la capacité d'aimer, de jouer, de penser et de travailler.

Ces deux éléments, pouvant être perçus comme « imposés », sont structurants et conflictuels. La conflictualité est entendue ici comme « un point situé entre la nécessité d'être soi-même sa propre fin et celle d'être un sujet dans le groupe et pour le groupe » (Kaës, 2007). D'autre part, par le fait de se soumettre à cette « imposition », cela signe l'entrée dans le lien et l'existence comme sujet.

La mise en place de ce travail psychique concourt à la création d'un espace psychique « commun » et « partagé ». Comme le souligne R. Kaës (2007), dans une conception du groupe comme un espace psychique commun et partagé, il est important de spécifier ce qui est « singulier et privé », « commun et partagé » et ce qui demeure « différent ».

L'auteur reprend ces distinctions, très éclairantes pour ce travail de groupe.

Le « singulier » correspond à

L'espace psychique individué qui marque de sa spécificité la structure, l'histoire et la subjectivité d'un sujet singulier : son organisation pulsionnelle, ses fantasmes[16] secondaires, ses mécanismes de défense et ses contenus refoulés ou clivés, ses identifications, ses relations d'objet, bref ce qui singularise son désir inconscient.

donc d'une perspective antagonique : l'acte ne vient plus démontrer un échec mais au contraire permet au symbolisme d'émerger.

16. Le fantasme peut se définir comme une production imaginaire qui représente le sujet dans un scénario déterminé, à la manière d'un rêve, et figure, d'une manière plus ou moins voilée, un désir.

Le « commun » est à entendre comme

Une substance psychique qui unit les membres par un lien, qu'elle qu'en soit la configuration (par exemple une famille, un couple ou un groupe). Ce qui est commun (ou le devient) est un fantasme, un rêve, un désir, des identifications, une illusion, des alliances inconscientes.

Le « commun » exige l'abandon ou la perte de certaines limites individuelles des sujets dans le lien, une certaine indifférenciation, mais il est aussi la matière psychique de base pour qu'émerge le sujet dans sa singularité.

Le « partagé » correspond à

La part que prend chaque sujet à la place propre et complémentaire qu'il occupe dans une alliance, un contrat, un fantasme, un système défensif commun aux sujets d'un lien.

Dans le « partagé », chaque sujet peut occuper une place qui le singularise.

Le « différent » prend en considération l'écart dans le lien entre les sujets. Dans la différence émerge l'altérité de l'autre (ce qui lui est singulier et privé).

De ces différents points, il ressort que le lien, un des éléments centraux de l'accompagnement des auteurs de violence conjugale, existe à partir d'une matière commune. Un lien ne peut pas reposer uniquement sur l'exclusivité de la différence : c'est parce qu'il y a du commun et de la différence que « je peux partager » (et que « je suis partagé »). C'est parce qu'il y a une construction psychique commune et partagée entre les sujets qu'il y a groupe. Sans développer davantage, les séances de groupe débutent souvent par un tour de paroles qui invite les sujets à exprimer par exemple « ce qui les traverse », « là où ils en sont ».

Le « singulier » n'en perd pas pour autant son caractère essentiel d'espace constitutif de l'expérience du travail en groupe aux côtés des espaces d'une part du groupe et d'autre part des liens intersubjectifs.

Les alliances inconscientes

« Pour faire lien », dès le début de la vie psychique et par la suite pour « former un couple », « vivre en famille », s'associer en groupe, l'investissement des uns et des autres et les identifications inconscientes sont cruciaux. Les identifications peuvent être narcissiques, projectives[17] et introjectives[18], adhésives[19], et fondées sur des éléments d'expériences intersubjectives. Ces expériences et ces processus sont nécessaires mais ne suffisent pas : des alliances (conscientes, inconscientes) doivent se nouer, dont la fonction principale est de maintenir et resserrer les liens, d'en fixer les enjeux et les termes et de les installer dans la durée.

Kaës R. (2007) appelle « alliance inconsciente » une formation psychique intersubjective construite par les sujets d'un lien pour renforcer en chacun d'entre eux et établir à la base de leur lien les investissements narcissiques et objectaux dont ils ont besoin : les processus, les fonctions et les structures psychiques qui leur sont nécessaires et qui sont issues du

17. L'identification projective, concept de M. Klein, se définit d'abord comme identification d'un objet faisant suite à une projection, donc comme double mécanisme de projection puis de reconnaissance de l'autre. On peut cependant remarquer plusieurs usages de cette notion : communiquer des états affectifs, émotionnels ; projeter sur l'autre un contenu mental perturbant et contrôler cet autre de par ce contenu ; pénétrer l'intérieur d'un objet pour en prendre possession ou le dégrader (exemple : un sujet du groupe identifiant sa compagne à sa propre mère).

18. L'introjection est un processus qui met en évidence le passage - fantasmatique - du dehors au dedans. Parmi les objets du monde interne, le Moi peut s'identifier à l'un d'entre eux avec pour conséquence son altération pour devenir semblable à l'objet (exemple : un sujet du groupe venant s'identifier au compagnon idéal de sa mère ou compagne).

19. L'identification adhésive est la forme d'identification en surface. Cela s'observe dans l'écholalie où juste la surface de l'attitude et du comportement est réutilisée. C'est vidé de sens. C'est en fait tout ce qui est de l'ordre du mimétisme, de l'accrochage à une sensation pour éviter l'angoisse de la chute. Cela concerne le contact corporel et psychique. Le mécanisme d'identification adhésive a pour but d'éviter de disparaître. Par exemple, l'enfant qui considère que sa mère lui a fait défaut pourra préférer se rabattre sur des objets plus sécurisants de par leur nature permanente et concrète. L'enfant n'ayant pas le souvenir de la mère « satisfaisante » s'appuie sur le contact réel et permanent avec un objet concret.

refoulement[20], ou du déni[21], du rejet et du désaveu. L'alliance est formée de telle sorte que le lien prend pour chacun de ces sujets une valeur psychique décisive. L'ensemble ainsi lié (le groupe, la famille, le couple) tient sa réalité psychique notamment des alliances.

Les alliances inconscientes apparaissent comme le ciment de la matière psychique qui lie les sujets les uns aux autres dans un couple, une famille, un groupe. Elles contribuent à structurer la psyché tant dans son organisation narcissique qu'objectale, que dans les modalités de réalisation de désir. Mobilisées au sein du processus groupal (en tant que modalité principale de travail à Praxis), elles sont reprises par les sujets du groupe dans une visée de remaniement psychique au sein d'une parole singulière, d'une propre mise en mots.

Le temps du groupe constitué et ses fonctions dans l'expression de la singularité

Un groupe s'est constitué en entité dès lors que le dedans et le dehors sont différenciés, à savoir qu'une « enveloppe groupale » délimite dedans et dehors. Le concept d'enveloppe définit entre autres une fonction de contenance[22], à la fois

20. Pour la psychanalyse, le refoulement est vu comme un mode de défense privilégié contre les pulsions. Le refoulement est l'opération par laquelle le sujet repousse et maintient à distance du conscient des représentations considérées comme désagréables, car inconciliables avec le Moi. Il ne faut pas confondre la répression (un désir vient de l'inconscient, passe dans la conscience et est renvoyé dans l'inconscient) et le refoulement (un désir vient de l'inconscient et est renvoyé dans l'inconscient sans avoir pu accéder à la conscience).

21. Le déni est une notion pour désigner la non-considération d'une partie de la réalité, en particulier celle de la différence des sexes. Dans la théorie psychanalytique, le déni porte autant sur la réalité « extérieure » (perceptive) que sur la réalité ou le ressenti interne. En d'autres termes, le déni est un mode de défense consistant en un refus par le sujet de reconnaître la réalité d'une perception traumatisante.

22. Comme une « peau psychique », la fonction contenante des cothérapeutes permet de rendre supportables des tensions (pulsions, angoisses) qui risqueraient de faire exploser - ou imploser - le sujet. Mais cette véritable posture de soin, nécessite toujours d'être complétée et relayée par des dispositifs.

limitative et protectrice. Ce n'est qu'une fois l'enveloppe groupale créée qu'une élaboration des fantasmes devient possible.

Cette enveloppe est aussi délimitée par un cadre clair mis en place par le duo de thérapeutes. Le cadre est défini par des critères précis tels que la fréquence hebdomadaire des séances de groupe, la durée (deux heures), le lieu, la présence continue aux séances, les modalités d'intervention (essentiellement verbales tout en utilisant quelques supports) et la confidentialité. Ce cadre est énoncé au départ, dès la rencontre avec chacun des sujets. Il est rappelé si nécessaire. Il devient implicite, intériorisé, comme une instance psychique, et ne resurgit explicitement que dans les moments de rupture ou de crises du processus.

La « capacité de contenance » est une des fonctions soutenues par les cothérapeutes de groupe. En effet, il est nécessaire que ceux-ci créent le sentiment de sécurité nécessaire pour laisser se déployer et se symboliser les contenus archaïques éveillés par la mise en situation de groupe.

L'enveloppe est-elle assez solide, élastique et perméable pour contenir sans étouffer, contenir sans laisser couler/laisser passer, contenir sans vider ? Kaës R. (2009) nous a appris qu'à des moments de faille dans les enveloppes du groupe (séances interrompues ou suspendues, vacances des cothérapeutes, absences des membres du groupe...), des angoisses sont réactualisées (angoisses d'indifférenciation, de morcellement...). Ce sont aux cothérapeutes du groupe, par leur capacité d'absorption et de nomination, d'exercer leur fonction limitante et protectrice qui aident l'ensemble du groupe à transformer ses angoisses.

C'est ainsi que le groupe offre sa « fonction d'étayage » pour la construction du processus de pensée et de l'enveloppe psychique individuelle. En effet, l'espace groupal permet de ressentir ses éprouvés et de se mettre à penser et à parler.

Selon Houzel D. (2005), la « fonction de contenance » du groupe renvoie plus au registre du holding[23], donc du mater-

23. L'enfant vit des choses bonnes ou mauvaises hors de sa portée et dont il n'est pas responsable. Il rassemble les facteurs externes dans le champ de la toute-puissance. Il donne une signification interne à ce qui est externe.

nel et du féminin, alors que la fonction de limite des enveloppes renvoie à la fonction de régulation, soit à la loi, dans le registre du paternel ou du masculin. Tout ceci vient toucher aux questions de bisexualité psychique, de sexuation chez les sujets du groupe.

Deux thérapeutes, deux psychismes, cela permet de montrer, de nommer et de jouer avec la question de l'altérité. Cette notion ne sera pas développée davantage.

Les sujets accompagnés dans un travail à Praxis éprouvent souvent des difficultés à se raconter, à s'inscrire en tant que sujet dans leur propre histoire. C'est là que le groupe peut également avoir une « fonction narrative », autrement dit pas seulement un groupe où se racontent des histoires individuelles, mais un groupe qui se raconte lui-même avec sa propre histoire et ses propres moments et vécus qui peuvent l'émailler.

La vie du groupe, comme dans toute autre sphère de la vie, laisse place à l'inattendu, l'incompréhensible, l'impuissance. Ces situations peuvent pousser, en tant que thérapeutes, à vouloir comprendre malgré tout. W.R. Bion (1962) incite à rester attentif à écouter et à comprendre ce que le sujet communique, mais il incite aussi à ne pas comprendre.

S'efforcer de comprendre peut être, en effet, une résistance qui est mise en œuvre surtout lorsqu'au cours de la séance une évolution peu ou pas maîtrisable se produit.

À cette capacité du thérapeute de rester dans le doute et dans la confusion, W.R. Bion a donné le nom de « capacité

Ce sont les soins maternels qui soutiennent son Moi, encore incapable de maîtriser les expériences, bonnes ou mauvaises. Le « holding », c'est l'environnement stable, ferme et capable de porter psychiquement et physiquement l'enfant. C'est quelque chose de naturel à la mère. Elle comprend spontanément et par empathie ce qu'il faut à l'enfant, ce qui est bon pour lui. C'est ainsi que D. Winnicott peut dire que la plupart des mères sont suffisamment bonnes. La mère elle-même sait qu'elle n'est pas parfaite. Elle est capable d'assumer ses défaillances transitoires. En étant « bonne », elle entretient une « illusion positive » vis-à-vis de l'enfant qui croit créer lui-même la réalité extérieure. Il finira par prendre conscience de cela petit à petit. Cette illusion positive permet à l'enfant d'émerger de la fusion.

négative »[24]. Celle-ci équivaut non pas à faire mais à s'abstenir de faire.

L'intersubjectivité : contribution à l'élaboration d'une parole singulière

L'article postule l'idée que les groupes permettent à chacun de ses sujets de faire émerger sa pensée et sa parole singulières.

Pour appuyer cette hypothèse, le travail de réflexion et d'écriture se base sur le principe ou le concept d'« intersubjectivité ». Celui-ci a été défini par plusieurs auteurs psychanalystes qui se sont intéressés au groupe.

Le groupe apporte sa contribution à l'intersubjectivité. Kaës R. (2007) définit l'intersubjectivité non pas comme un régime d'interactions comportementales entre les individus communiquant leurs sentiments par empathie, mais comme

L'expérience et l'espace de la réalité psychique qui se spécifie par leurs rapports de sujets en tant qu'ils sont sujets de l'inconscient. L'intersubjectivité est ce que partagent ces sujets formés et liés entre eux par leurs assujettissements réciproques aux mécanismes constitutifs de l'inconscient.

L'intersubjectivité est la structure dynamique de l'espace psychique entre deux ou plusieurs sujets.

Le sujet se forme dans le lien. Comme D. Winnicott (1971) le pense à propos du bébé, le sujet se manifeste et n'existe que dans sa relation à l'autre, et à plus d'un autre. Nous devenons sujets de notre propre subjectivité dans un ensemble intersubjectif dont nous sommes d'abord tous tributaires (la famille par exemple) et dont nous aurons à nous dégager, sans toutefois s'en affranchir radicalement. Nous ne sommes donc pas seulement des êtres divisés de l'intérieur (divisés par notre inconscient), mais aussi divisés dans nos liens avec les autres.

24. La capacité négative est la tolérance au doute et au non-savoir du thérapeute, laquelle était définie par W.R. Bion comme la capacité qu'un homme possède, s'il sait persévérer dans les incertitudes, à travers les mystères et les doutes, sans se laisser aller à une recherche fébrile des faits et des raisons.

Le groupe permet non seulement la rencontre avec l'autre, avec les autres. Mais ces rencontres font également vivre, ou pour certains découvrir, l'expérience de la séparation, de la désillusion, de la chute narcissique (B. Golse, 2006).

Il y a des choses auxquelles on ne peut penser, que l'on ne peut élaborer, que l'on ne peut percevoir que dans un fonctionnement groupal. Probablement parce que le groupe, par ses effets d'enveloppe, de contenance, de transformation, peut-être d'identification régressive, nous remet en contact avec certains processus qui sont à l'œuvre dans le fonctionnement psychique du bébé.

Ce qui veut dire qu'au bout d'un certain temps, et à travers l'intersubjectivité, le bébé pourra ressentir, éprouver, intégrer, vivre que lui et l'autre, cela fait deux. C'est un temps de démarcation entre le dedans et le dehors qui est fondamental dans la construction de l'enfant. Sans ce mouvement d'accès à l'intersubjectivité, sans cette différenciation qui permet à l'enfant de ne pas se sentir collé à l'autre, englouti dans l'autre, inclus dans l'autre, il n'y a aucun moyen de penser l'objet, de parler l'objet et de parler à l'objet.

Au cours d'une vie, il y a différentes situations dans lesquelles on peut « jouer » (ou pas) à reperdre sa subjectivité. Ce sont par exemple les rencontres amoureuses. Celui qui aime se sent comme un objet avec lequel l'autre peut prendre certaines libertés. Ceci est une perte volontaire de subjectivité. En désirant quelqu'un, il est réduit aussi à un objet. Une personne amoureuse vit sans cesse dans cette contradiction fondamentale, cette dynamique conflictuelle provoquée par le désir d'être à la fois sujet et objet.

Dans les groupes, les sujets font l'expérience d'une part, de parties de soi que chacun doit abandonner pour être dans le lien et d'autre part, de parties de soi que chacun dépose ou projette dans le groupe ou dans d'autres sujets en les liant avec celles d'autres sujets dans des formations communes. Les liens que les sujets ont formés dans leur groupe originaire (leur famille) se répètent, se réordonnent et se transforment dans les mouvements du transfert et du contre-transfert sur les deux thérapeutes, sur le groupe et sur les sujets du groupe. Ce sont sur ces nœuds que portera une partie du travail de groupe. L'enjeu en est le processus de subjectivation.

Le groupe, le fonctionnement en groupe, peut donc être un lieu privilégié pour retravailler la question de l'intersubjectivité, là où elle semble plus fragilisée chez certains.

Pour les sujets qui se sont structurés sous le régime de la névrose, l'expérience du groupe est à la fois un réengagement dans les alliances structurantes et un dénouement de celles qui ont acquis pour eux une fonction essentiellement défensive et aliénante. Mais pour d'autres sujets, le groupe est l'occasion de faire pour la première fois l'expérience des alliances structurantes qui n'ont pas pu se constituer jusqu'à présent. Ceux qui n'ont jamais été dans un lien structurant (les sujets narcissiques, psychotiques) n'ont pu s'éprouver comme sujets dans le lien, sinon comme assujettis aux exigences exclusives de celui-ci.

5 Un temps pour conclure

Partant d'un développement de repères cliniques auprès de la population d'auteurs de violence conjugale (plus précisément, la défaillance du lien, les identifications, les imagos parentales et la liaison pulsionnelle), le travail en groupe à Praxis ouvre à l'expérience de l'assemblage de trois espaces : celui du groupe, celui des liens intersubjectifs et celui de l'intrapsychique.

S'étayant sur les apports théoriques psychanalytiques du groupe, des concepts comme l'intersubjectivité, l'espace du « commun et partagé » et celui des alliances inconscientes ont ouvert une voie possible pour l'analyse de l'expression de la singularité du sujet. Ceux-ci éclairent d'une part, sur ce qui lie les sujets les uns aux autres (dans un couple, une famille, un groupe, etc.) et d'autre part, sur la réalité psychique du sujet singulier, en tant qu'il est sujet du lien.

Le travail clinique de groupe centré sur le travail des configurations du lien ouvre alors l'accès à l'élaboration de la parole du sujet dans sa singularité.

Valérie TRIQUOIT, Frédéric POULIART, 2012

BIBLIOGRAPHIE

ANZIEU D., *Le groupe et l'Inconscient*, Paris, Dunod, 1999 (3e édition).

BION W.R., *Aux sources de l'expérience*, Paris, PUF, 1962.

GOLSE B., *L'être-bébé*, Paris, PUF, 2006.

HOUZEL D., *Le concept d'enveloppe psychique*, Paris, Éditions in Press, 2005.

KAËS R., LAURENT P., *Le processus thérapeutique dans les groupes*, Toulouse, Érès, 2009.

KAËS R., *Un singulier pluriel. La psychanalyse à l'épreuve du groupe*, Paris, Dunod, 2007.

MICHEL, L., *Figures du groupe psychanalytique*, Éditions Médecine et Hygiène, 2006.

WINNICOTT, D., *Jeu et réalité*, Paris, Gallimard, 1975.

L'apport du groupe de pairs pour un cas de psychose ordinaire exerçant des violences dans son couple

Daphné STADNIK, Psychologue clinicienne, Criminologue, Psychothérapeute psychanalytique

RÉSUMÉ

La pratique en groupe est fortement utilisée dans divers milieux comme outil d'intervention. Toutefois, peu d'auteurs issus du champ de la psychanalyse ont théorisé sur les fonctions que le groupe peut avoir pour un sujet dans une institution de soins. Il s'agit ici de questionner l'apport spécifique de cette pratique pour le sujet psychotique, dans le contexte de violence conjugale et familiale, à travers les apports théoriques et pragmatiques au moyen d'une vignette clinique.

Mots-clés : groupe - passage à l'acte - violence - psychose - psychanalyse - couple - amour

1 Introduction

Une recherche théorique en psychanalyse part d'un questionnement, d'un nœud, d'une énigme au sein d'une rencontre avec le sujet. Nous avons mené cette étude en partant de deux points essentiels rencontrés dans la clinique au sein de l'asbl Praxis, à savoir le sujet psychotique et le groupe. C'est également l'occasion de rendre compte d'un travail institutionnel dans le contexte particulier de l'aide sous contrainte. Cet article est extrait d'une recherche théorique réalisée en 2010-2011 en vue de l'obtention du titre de psychothérapeute analytique à l'ULB.

1.1. *La population rencontrée au sein de l'institution*

L'asbl Praxis est un service d'accompagnement spécialisé pour les auteurs de violences conjugales et familiales subventionné majoritairement par la Justice dans le cadre de mesures judiciaires alternatives à la détention (loi de 1994).

Sans manifestations claires d'une psychose déclenchée[1], bon nombre des sujets au sein de l'institution présentent une problématique de la séparation spécifique propre à la psy-

1. Bien que nous rencontrions d'autres structures de personnalité au sein de l'institution, nous préférons parler pour ce cas de « psychose ordinaire ». Le terme de psychose ordinaire a été proposé par J.-A. Miller qui renvoie à une structure de personnalité de type psychotique mais non déclenchée, c'est-à-dire suffisamment connectée à la réalité sociale pour tenir et ne présentant pas les symptômes classiques qu'on lui confie tels que le délire et l'hallucination.

Références utiles :

Maleval J.-C., *Éléments pour une compréhension clinique de la psychose ordinaire*, Université de Rennes, 2003 (disponible sur internet).

Miller J.-A., *Effet retour sur la psychose ordinaire*, Quarto 94-95, janvier 2009, pp. 40-51.

La Section clinique d'Aix-Marseille et l'Antenne clinique de Nice, « *La psychose ordinaire* », *La convention d'Antibes*, Paris, Agalma, 1999.

Stevens A., *La psychose ordinaire*, ECF : http://www.causefreudienne.net/etudier/essential/la-psychose-ordinaire.html?symfony=823046cb461701a780c5d4b2d12fd1f

chose. Au creux de l'intimité du lien à leur partenaire, à leurs enfants, à leurs parents, le récit de ces sujets témoigne d'un lien tantôt indispensable, tantôt insupportable. Ainsi, nous sommes étonnés que tel homme se plaigne de sa compagne «peu aimable» et s'effondre lorsqu'elle montre de la distance ou décide de rompre.

Nous pouvons alors voir ces sujets osciller entre une tentative de détachement de «cet autre objet d'amour» qui peut envahir, persécuter, venir en intrus et une tentative de rencontre de l'autre car le sujet ne peut faire malgré tout sans lui, risquant par là même sa propre annulation[2].

Les passages à l'acte permettent de se mettre à distance du partenaire envahissant ou de le ramener vers soi pour mieux le posséder. Zenoni (2009) parle d'une tentative de séparation radicale avec l'autre dans le réel (violences hétérocentrées) ou d'une tentative d'extraction de l'objet, physiquement, du sujet lui-même (violences autocentrées).

Des thérapeutes systémiciens en France (Vasselier-Novelli C., Heim Ch., 2010) envisagent cette difficulté chez les sujets à se différencier de leur partenaire comme un trouble de l'attachement précoce qui favorise les passages à l'acte. Ils font ainsi l'hypothèse qu'il s'agit de couples fusionnels («toujours ensemble») dont le risque «d'individuation» va provoquer de l'angoisse et des attitudes visant le rapprochement des partenaires.

1.2. *L'outil d'intervention privilégié: le groupe*

La modalité d'accompagnement à l'asbl Praxis se fait en groupe nommé «groupes de responsabilisation pour auteurs de violence conjugale et familiale». Un groupe est composé de maximum neuf participants (sous contrainte judiciaire ou

2. Dans la psychose, Le Nom-du-Père (Lacan J., *Les psychoses, Séminaire Livre III*, Seuil, Paris, 1981) n'étant pas advenu, le sujet se présente comme «celui qui est l'objet de l'autre», comme ce dont l'autre manque. «Qu'il quitte ou qu'on le quitte, quelque part, la séparation n'a pas lieu» (Zenoni, 2009, pp. 286-287). Alors, le risque est grand que cette séparation passe dans le réel.

volontaires) et de deux animateurs. Cela consiste en minimum vingt et une séances de deux heures par semaine[3]. L'objectif général est la responsabilisation par rapport aux comportements de violence visant l'amorce d'un changement; c'est-à-dire l'émergence d'une réflexion personnelle sur sa responsabilité quant aux actes, le sens de ces actes et leurs impacts sur l'entourage.

Ainsi, nous pouvons nous demander en quoi le contexte du groupe de pairs peut offrir ou non au sujet une manière de traiter cette problématique de la séparation, et, en lien, de limiter les passages à l'acte.

Par le biais d'une étude de cas et sous l'angle de la lecture psychanalytique, en particulier de l'enseignement de Lacan, nous présentons les hypothèses et les réflexions portant sur l'apport spécifique du groupe de pairs pour le sujet psychotique en prise avec son objet d'amour. Cela amènera l'intervenant à se questionner sur la position à tenir en groupe pour favoriser ce traitement du rapport à l'autre.

2 Le groupe : qu'est-ce qui est opérant pour le sujet ?

2.1. *De l'identification imaginaire à l'identification aux signifiants*

Beaucoup de participants témoignent du reflet narcissique opérant dans le groupe : il s'agit d'un semblable, « qui a vécu la même chose, qui comprend mieux ». C'est alors un pair moins confrontant, moins menaçant qui renvoie le sujet à sa propre histoire.

« L'identification est connue en psychanalyse comme expression première d'un lien affectif à une autre personne » (Freud, 1921, p. 187). Freud identifie d'abord une identification pri-

3. Il s'agit de « groupe ouvert » toute l'année avec la possibilité d'intégrer régulièrement de nouveaux participants. Il existe également une autre modalité de groupe, appelé « groupe fermé », à durée limitée de six journées de sept heures.

maire au père « de la préhistoire personnelle » pris par le garçon comme idéal. Il en déduit que l'identification peut naître chaque fois qu'est perçue à nouveau une certaine analogie avec une personne qui n'est pas objet de pulsions sexuelles. Le complexe d'Œdipe est un moment pour lui de remaniement identificatoire secondaire où, par introjection de l'imago du parent de même sexe, le petit garçon désire être comme son père et la petite fille comme sa mère.

Lacan reprend le concept d'identification primordiale à travers le « stade du miroir », moment où s'ébauche pour l'enfant (entre six et dix-huit mois) un certain type d'identification sur le fond d'une relation d'aliénation spécifique à la mère, en effectuant la conquête de l'image de son propre corps[4].

L'identification imaginaire dans un groupe, captation à l'image de l'autre, peut intervenir dans le processus mais ne peut suffire car cela laisserait le sujet dans une dépendance vitale à l'image de l'autre. Par une trop grande proximité, les sujets seraient en proie à une excitation importante mais aussi à de la rivalité, de l'agressivité et de l'angoisse de morcellement.

L'identification principale permettant la constitution du groupe passe par la parole : une identification doit avoir lieu à l'égard d'un ou des traits signifiants véhiculés dans le groupe.

4. Par cette identification narcissique primordiale, le stade du miroir est préformateur du « je » par l'entrée dans l'imaginaire, précédent le symbolique, la nomination de l'enfant (Dor J., *Introduction à la lecture de Lacan*, Paris, Denoël, 1985 ; Lemaire A., *Jacques Lacan*, Bruxelles, Pierre Mardaga, 1977). L'Imaginaire est donc le registre de l'identification, du leurre, illustré par le stade du miroir. Le Symbolique est celui du langage, du monde des signifiants, marqué par le Nom-du-Père pour Lacan ou par le complexe d'Œdipe pour Freud. Le Réel est ce qui est expulsé de la réalité par le symbolique. Le nouage des trois registres : Réel, Symbolique et Imaginaire, conceptualisés par Lacan, offre une grille de lecture des structures de personnalité, de leurs symptômes et de leurs différences. Loin de pouvoir expliciter tous ces concepts ici, nous vous renvoyons à quelques ouvrages sur le sujet :

Maleval J.-Cl., *La forclusion du Nom-du-Père*, Paris, Seuil, 2000.

Skriabine P., « Clinique et topologie : la clinique du nœud borroméen », *Revue de psychanalyse La Cause freudienne*, « L'énigme et la psychose », n° 23, 1993, pp. 117-133.

Comme l'ont montré Mc Dougall, Freud ou Bion, le groupe doit être constitué autour d'un thème commun : avoir exercé de la violence, être interpellé par la Justice, être jaloux, être père... Les pairs différents s'unifient autour d'un signifiant « maître », autour de la nomination d'un symptôme (la violence). M. Recalcati (2002) parle ainsi de processus d'unification qui s'illustre dans le « moi aussi ». Une seconde identification au « nous » a lieu, selon lui, une fois que le dispositif groupal est mis en fonction. Une sorte de narcissisme d'équipe allège le sujet du poids de devoir soutenir seul son identification idéalisante au symptôme (l'anorexie). Toutefois, l'auteur précise que le processus d'unification reste une porte d'accès stratégique au travail du sujet qui consiste en réalité à passer à « l'aléatoire », au processus de différenciation.

2.2. *La différenciation en groupe*

Pour certains auteurs comme A. Green (in P. Laurent, 2009), le travail thérapeutique en groupe aide le sujet à reconnaître soi et l'autre comme différents. Cette hypothèse, fortement évoquée dans la littérature, se base sur la métaphore de l'enveloppe groupale comme enveloppe psychique, « Moi-Peau », concept élaboré par D. Anzieu (1987). L'enveloppe groupale est à la fois contenante des pulsions et des affects, « pare-excitante » (Winnicott, 1975) et à la fois limitative, assurant la distinction entre le Moi et le Non-Moi.

Pour revenir à l'analyse de M. Recalcati (2002), l'objectif du travail analytique en groupe est justement d'extraire « le particulier subjectif » de l'homogénéité, de passer de l'homogène à l'aléatoire. Ce processus se produit à partir du désir de l'analyste, désir de produire « la différence absolue », de dissocier le particulier du sujet de l'idéal de l'autre. L'interprétation de l'analyste dans les échanges valorise ainsi la non coïncidence et la dissemblance. La circulation de la parole dans le groupe favorise également cette dimension aléatoire de la rencontre : « La circulation de la parole de l'Un à l'Autre désoriente la volonté de contrôle – la volonté du même » (M. Recalcati, 2002, p. 108).

En effet, dans notre expérience de groupe, plus les échanges sont variés, plus le sujet tend à se décaler de ses certitudes. Dans la clinique des violences conjugales et familiales, soutenir la nuance et la différenciation dans le rapport à l'autre a tout son sens. Il s'agit de couples souvent fusionnels où haine et amour s'entremêlent férocement mais où la séparation est tout aussi inconcevable. Ces couples constituent un duo isolé où toute personne extérieure s'immisçant est vue comme un intrus. Même l'enfant est perçu soit comme un allié, en tant que « même » soit comme un rival. La parole des pairs permet ainsi d'introduire cette dimension subjective chez le ou la partenaire qui paraît dès lors moins inquiétant(e), par exemple en mettant en évidence les émotions vécues par le ou la conjoint(e) ou les enfants.

Un groupe opérant est donc celui qui permet la différenciation entre le sujet et le groupe, le sujet et son entourage, c'est-à-dire qui favorise un certain traitement du rapport à l'autre.

2.3. *Sujet de l'inconscient en groupe*

Le groupe peut être le lieu d'une mise en scène de l'inconscient subjectif et de sa prise de conscience. Pour M. Recalcati (2002), le groupe opère comme facteur de dramatisation du transfert : il peut être le support du fantasme du sujet, de manière inattendue, et support à la répétition permettant une élaboration symbolique.

R. Kaës (2009) parle dans ce cas « d'alliances inconscientes » qu'il définit comme un accord inconscient qui permettra de refouler, dénier ou rejeter certaines représentations. Le retour du refoulé ou du dénié partagé et leurs reconnaissances à travers le transfert, la chaîne associative groupale, les rêves, les passages à l'acte, sont l'objet du travail psychanalytique en groupe : « En laissant les participants interagir librement, leurs modèles de comportements relationnels habituels se déploient avec leurs points aveugles et leurs défenses [...] chacun se trouve confronté à reconnaître que les conflits qui ont tendance à se répéter dans leurs vies, comme dans le groupe, ont une origine interne [...] » (M. Gil Rodriguez et G. Morency, 2009).

C'est aussi un lieu où les places inscrites dans l'histoire familiale de chacun se rejouent. Freud (1921) fait ainsi l'hypothèse que le groupe familial est le prototype de base de tous les groupes.

2.4. *Le transfert dans le groupe*

À la différence d'un suivi individuel, le sujet va développer un transfert différent à l'égard des thérapeutes, des participants, du groupe, voire à l'égard de l'institution. Cela permet d'alléger le transfert massif ou duel propre à la psychose. En effet, la diffraction du transfert, comme « pluralisation de l'Autre » (A. Zenoni, 2007) peut atténuer dans la psychose la virulence de l'affrontement à la volonté de l'autre (A. Zenoni, 2009) et peut faciliter son traitement.

Le maniement du transfert passe par la mise en place d'un cadre clair et d'une position de non-savoir de la part des intervenants. Le cadre garantit le non-jugement, le temps de parole de chacun, la confidentialité, les horaires, le non-passage par l'acte... Cet espace qui assure un climat de sécurité et le respect des limites est une manière de garantir le processus d'identification-différenciation mais surtout une manière de traiter la jouissance.

À l'instar d'une pratique à plusieurs[5] orientée par la psychanalyse telle que décrite par A. Zenoni (2009), le duo d'animateurs doit pouvoir s'étonner, questionner, dans une position

5. La pratique à plusieurs constitue une tentative de traitement, dans la psychose, de l'impasse liée au transfert, en pluralisant ce dernier à travers les intervenants, ce qui tempère les effets de persécution et d'érotomanie relatifs à l'érection du sujet supposé savoir.

Références :

Baio V., *« L'acte à plusieurs »*, *La Cause freudienne*, « Le sacrifice de la castration », n° 41, avril 1995.

Kusnierek M., « Pertinences et limites de la pratique à plusieurs », *Pertinences de la psychanalyse appliquée*, Paris, ECF, Seuil, 2003.

« supposé ne pas savoir ». Par exemple, une position de savoir serait une position où l'animateur « connaîtrait » la manière de ne plus « être violent ».

Faire référence au « groupe » au sens large et non aux individus ou aux animateurs, permet de placer le savoir du côté des sujets. De plus, lorsque le sujet vit une position d'exception, faire référence aux règles communes est d'un grand ressort, par exemple lorsque les intervenants n'offrent pas l'entrée dans le groupe après un retard trop important. La règle doit se référer à une instance collective (elle concerne tout le monde), à l'institution sous un mode solennel ou à un écrit (A. Zenoni, 2009).

En outre, qu'en est-il des réactions imprévisibles des autres participants ? Par exemple, le processus de groupe amène certains sujets à se positionner en leader, donc en position de pouvoir et de savoir. Le risque est de faire figure auprès des autres de persécuteur, d'intrus...

« Il ne s'agit pas seulement de la jouissance qui envahit le sujet, mais de la jouissance dont il peut être, lui, la présentification pour les autres sujets » (Zenoni, 2009, p. 26).

Ainsi, la tâche des intervenants serait double : aménager leur propre position et leur énonciation au regard des sujets, tout en tempérant les réactions « effractantes » des autres participants. En d'autres termes, il s'agirait d'intervenir pour barrer le trop de jouissance quand il apparaît, être garant d'un ordre, d'une limite et d'aider à la nomination via une pluralisation des échanges.

Enfin, cette dimension plurielle « réglée » pourrait favoriser, non pas la présence de semblables en face à face et duels, mais des semblables de côté et pluriels, propice au traitement dans la psychose.

2.5. *En filigrane, la Parole*

Nous pouvons serrer toutes ces hypothèses autour d'un ingrédient essentiel dans le processus de groupe : la Parole.

En effet, c'est à travers les mots que le sujet s'identifie à un semblable dans le groupe (« je vis la même chose que toi »), mais aussi qu'il s'en différencie (« moi, c'est pas tout à fait ça »). C'est le lieu où la richesse des signifiants aide le sujet à nuancer. C'est à travers les mots que l'inconscient se met en forme dans le groupe et que la jouissance peut se voiler. C'est en nommant ce qui anime ses pulsions et en les limitant que le sujet ne passe pas à l'acte.

C'est également par la parole que l'intervenant (« demandons au groupe ? ») montre une position de non-savoir et de non-pouvoir. C'est grâce à la multitude de paroles dans le groupe que le transfert se diffracte et que le lien aux pairs est plus apaisant. Il s'agit pour ces sujets, vivant des relations imaginaires dans leur couple où la parole est morte, de pouvoir rencontrer l'autre dans le champ du langage.

3 Vignette clinique : Valentin

3.1. *Présentation du cas*

Nous présentons un sujet qui s'est fortement investi dans le travail en groupe, offrant les conditions de base pour explorer plus aisément le processus[6].

Histoire du cas et contexte de la demande

Valentin (jeune homme vivant chez sa mère) tente de se remettre en couple avec Valérie à l'égard de qui il a exercé de la violence. Ils sont actuellement séparés mais restent en contact. Valentin vit avec son frère chez sa mère décrite comme alcoolique. Il explique avoir été un adolescent isolé mais protégé par sa famille, se laissant aller dans l'imaginaire. Valentin consomme quotidiennement de l'alcool depuis ses dix-huit ans suite à une première rupture amoureuse qui l'amène en dépression et en voyage à l'étranger. Sa consommation s'arrête un an après les derniers faits de violence envers Valérie. Cette dernière consomme aussi de l'alcool et se montre violente.

6. Les prénoms et les situations ont été modifiés afin de préserver autant que possible l'anonymat des personnes.

Elle aurait été battue par son père étant enfant et violée par un homme à l'adolescence.

Les passages à l'acte

Les passages à l'acte sont liés à ses inquiétudes concernant la sexualité de Valérie et à «*son passé déviant*»: elle est «*sortie avec ses amis*» et regarde des «*films pornos violents*». Il situe le point de départ par des coups de fil répétés d'un homme avec qui Valérie était entrée en contact via internet:

«*On buvait beaucoup. Elle interprétait ce que je lui disais. On parlait du passé, elle de ses ex. Je lui disais que peut-être elle aussi avait ses torts. Elle s'agitait, se jetait contre le sol. Elle s'est cognée la tête par terre. Elle me disait: "tu me rappelles mon père", que j'avais la même intonation, sec et froid. Un jour, je l'ai mis au sol*»; «*Je l'ai aussi insultée: tu ne vas pas faire ta salope*».

Les passages à l'acte viennent généralement en réponse au passage à l'acte de sa partenaire et la responsabilité du sujet se dissipe dans le transitivisme du couple: «*Quand elle me mordait, je la mordais*»; «*Je lui ai déjà tiré par les cheveux, des baffes au visage, une fessée car elle cassait tout à la maison*».

Place dans le groupe

Dès le début, Valentin se montre intéressé par un échange en groupe: «*je veux trouver le moteur de notre violence à tous les deux*», «*d'où vient cette violence? Pourquoi je suis encore accroché à une fille qui m'a fait du mal [...] Je suis "love addict". Pourquoi je dis des injures au moment des tensions?*».

Il prend la parole en début de chaque séance pour évoquer des situations liées à son couple. Manifestant une grande confiance ou une naïveté risquée, il parlera sans voile de son intimité à ces personnes qu'il connaît à peine. Il provoquera beaucoup d'inquiétudes de la part des participants, qui réagiront à l'image du fonctionnement du sujet, dans un mouvement de «*tout ou rien*»: «*C'est un climat de violence [...] J'ai envie de le sauver*»; «*Il devrait se protéger, se séparer!*»; «*Tu es quelqu'un de très sensible, qui a besoin d'être aidé, pense à toi d'abord*».

La séparation avec le groupe de pairs fut également difficile : « *Ça va me manquer. On aurait bien fait encore quelques séances de plus. C'est agréable de voir que les autres pensent ça aussi* ».

Quelques séquences

Valentin annonce souffrir d'une nouvelle séparation avec Valérie : « *Je voulais pas qu'elle regarde un film porno car c'est trop violent. On devait normalement faire un câlin le lendemain. Elle m'a dit qu'elle avait regardé ce film et qu'elle s'était touchée. Elle m'a dit "tu n'acceptes pas qui je suis" et qu'on ne se verrait pas* ». Par la suite, Valentin tenta de la contacter, chaque jour, toutes les demi-heures : « *J'avais envie de la voir, pour parler au calme* ». Valérie ne le quitte pas : « *Quand c'est fini avec elle, il y a toujours des "points communs" : je vois son nom dans la rue* ».

Réactions du groupe

- Bernard : « *Maintenant, je me prends plus la tête (en pensant à sa propre compagne), tu regardes ton film, c'est bien...* ».
- Intervenant 1 : « *Est-ce que tu penses que tu te détaches de ce que tu peux ressentir ?* »
- Bernard : « *Oui, maintenant je dis rien, je laisse dire. Je veux plus être violent donc je réagis plus* ».
- Intervenant 2 : « *C'est une bonne intention de tenter d'éviter la violence mais est-ce que le silence pourrait être aussi violent pour ta compagne ?* »
- Valentin se met à pleurer : « *Je réagis comme ça parce qu'elle est comme ça aussi ! Quand tu as dis que ça pouvait être violent. Je me suis dit que je n'ai jamais de réponse... J'ai l'impression parfois qu'elle joue avec mes couilles* ».
- Intervenant 1 : « *Valérie te fait souffrir quand elle reste dans le silence et c'est violent pour toi. De ton côté, tu insistes pour avoir une réponse, en l'appelant plusieurs fois. Est-ce qu'elle pourrait se sentir contrôlée ?* »
- Valentin : « *Mais, je voulais juste parler calmement* ».

– INTERVENANT 1 : «*Il s'agit de ton besoin à toi*».

– JOËL : «*J'ai l'impression que Valérie est quelqu'un qui va pas dire ce qu'elle ressent*».

– VALENTIN : «*Oui. Elle est renfermée. Depuis toujours.*»

– JOËL : «*C'est comme si Valentin attendait qu'elle vienne vers lui. Il fait de plus en plus de pas. Il veut que ce soit clair. Elle n'a pas envie de parler de tout dans un couple*».

– JUSTIN : «*Il faudrait comprendre pourquoi elle se braque. Quand on a été blessé, il y a une partie de soi qu'on cache aux autres. Est-ce qu'elle peut te parler de ses peurs ? Pour qu'après elle se sente plus en confiance*».

– INTERVENANT 2 : «*Qu'est-ce que Valentin peut faire par rapport à son comportement vis-à-vis d'elle ?*»

– JUSTIN : «*Lui montrer qu'il l'aime, mais pas trop pour ne pas l'agacer. Avoir plus de retenues*».

– VALENTIN : «*Parfois, je regrette d'avoir envoyé des sms mais j'ai mon besoin.*»

– JUSTIN : «*Il serait important de voir pourquoi Valérie a ce besoin de regarder ces films… essayer d'en parler*».

Séance suivante

– VALENTIN : «*J'ai pas appelé Valérie. En venant ici, j'ai pris un peu de force, je me suis dit qu'il faut arrêter. On m'a quand même parlé de harcèlement. Puis, c'est elle qui m'a rappelé. Je lui ai expliqué que c'était pas de la jalousie et que j'avais besoin d'être rassuré*».

– INTERVENANT 2 : «*Qu'est-ce qui t'inquiétait ?*»

– VALENTIN : «*C'est la déviation. J'avais peur qu'elle se raccroche à ses anciennes habitudes ; les clubs échangistes, voir des inconnus. J'étais pas rassuré quand elle regardait ces films, pour la violence. J'ai l'impression que la femme a mal. Puis elle m'a dit : C'est mieux que je regarde ça que de te tromper…*».

Le groupe réagit dans un mouvement de protection envers Valentin, renforçant du même coup les intentions négatives et malsaines suspectées chez Valérie et tente « de résoudre le problème » en conseillant la séparation.

- BERNARD : « *Je mettrais un holà ! Ça me fait peur pour lui. Je mettrais fin à la relation* ».
- MICHEL : « *J'ai l'impression qu'elle joue avec lui !* »

Les animateurs tentent alors de limiter ce gonflement de la jouissance de l'autre, en ouvrant au questionnement plutôt qu'à la certitude :

- INTERVENANT 1 : « *J'entends que le groupe réagit fortement et propose comme solution la séparation, mais Valentin nous a dit que c'était difficile pour lui d'être séparé de Valérie. Pour l'aider, nous pourrions essayer de voir ce qui se passe pour lui. Reprenons ce moment où Valérie annonce regarder un film pornographique. Est-ce que cela veut dire nécessairement qu'elle va le tromper ? Pourquoi regarder un film porno ?* »
- MICHEL : « *Elle peut fantasmer, comme tout le monde* ».
- JOËL : « *Elle peut combler un vide* ».
- JUSTIN : « *Oui, il y a quelque chose qui lui manque. Il faudrait lui demander. J'ai eu recours à des sites pornographiques et c'était un substitut à un manque* ».

Au sein des échanges, la figure que prend sa partenaire change et se nuance : au début, elle apparaît comme quelqu'un d'énigmatique, de violent, qui joue avec lui, puis, c'est davantage un sujet à qui il manque quelque chose. Cela aide progressivement à la voir différemment.

D'une manière générale, au contact des participants, Valentin dira avoir pris conscience de ses comportements agressifs et de jalousie : « *Entendre les autres, ça m'a aidé à m'ouvrir [...] J'avais du mal avant à reconnaître les violences que j'ai faites* » ; « *Le harcèlement aussi, envers Valérie, j'ai compris, je lui envoie plus que quelques sms. Je fais des efforts* ».

Valentin est parvenu également à mieux comprendre le vécu de sa compagne même s'il dira « *qu'il ne sait toujours pas ce qu'elle veut»*: «*En voyant le film*[7]*, ça m'a permis de voir ce que j'avais subi… ça permet aussi de me mettre à la place de l'autre*».

Face aux réactions de protection des participants, il explique: «*j'ai appris que je me suis laissé aller dans des situations trop loin. J'ai pas mis assez de limite. Je pense pas à moi facilement mais à nous deux. J'ai un manque affectif. Au départ, je faisais plein d'activités. Puis on s'est enfermé. Quand je pense à moi-même, j'imagine que je dois être avec quelqu'un […] J'essaye de mettre de la distance dans mon couple, par rapport à l'amour […] J'ai appris que je dois me respecter pour pouvoir respecter les autres*».

Les intervenants soutiennent l'idée venant du groupe qu'il puisse être accompagné par un psychologue. Il entamera un suivi avant la fin de sa participation dans le groupe.

3.2. *Analyse du cas*

Signes cliniques de la non-séparation (psychose)

Nous pouvons identifier un moment de bascule lors de sa première rupture amoureuse. Il tombe dans l'alcoolisme, la dépression et l'exil. Pour ce «love addict», son identité est liée à l'autre. Néanmoins, quand sa compagne lui paraît énigmatique, le sujet y répond par une interprétation qui présente à certains moments des allures délirantes: des objets trouvés (lingette, préservatif) l'amène à la certitude qu'elle jouit sans lui, donc de lui. Les craintes imaginaires («qu'elle fasse sa salope») font irruption dans le réel. En l'absence de son objet d'amour, le sujet le tient dans sa poche et ne s'en défait pas («je vois son nom dans la rue…»). Ainsi, Valentin dispose de peu de rempart face à l'autre, comme lorsqu'il se met à nu sans précautions dans le groupe. L'intimité de Valérie vient aussi faire effraction: connaissant son passé, Valentin se sent investi de la mission de la sauver «pour qu'elle ne se renfonce pas dans le sexe».

7. Extrait du film de Icíar Bollaín *Te dos mis ojos*, Espagne, 2003.

Fonctions du passage à l'acte

À l'image de cette relation où le partenaire est le reflet de soi-même (« elle a vécu la même chose que moi »), les passages à l'acte peuvent survenir en miroir à la violence de l'autre. Ainsi, coexistent séparation et collage radicaux dans l'acte.

Les passages à l'acte avec fonction de séparation apparaissent lorsque le sujet est identifié à une position de déchet : quand Valérie le rabaisse en disant qu'il est comme sa mère qui boit ou comme son père qui est froid et sec.

En outre, certains passages à l'acte sont liés aux interprétations imaginaires du sujet sur la « sexualité déviante » de sa compagne qui risquent à la fois de le mettre dans une position d'objet et de le destituer de sa place de sauveur.

L'apport de la thérapie de groupe pour le sujet

L'intégration au groupe se fait d'emblée (identification). C'est en entendant que « les autres pensent ça aussi » que Valentin s'ouvre et se questionne. Derrière le « ça », plusieurs traits signifiants peuvent se loger : il se reconnaît dans la violence exercée et subie des pairs, dans ce que lui renvoie le groupe de lui… Il est difficile de les identifier précisément car il peut s'agir autant d'éléments clairement prononcés que captés à travers un geste ou un mot…

Les échanges en groupe lui ont permis d'expérimenter une distanciation dans son rapport à sa compagne (différenciation-traitement du rapport à l'autre) : c'est en s'appuyant sur le mot « harcèlement » émis dans le groupe, désignant son attitude, que le sujet diminue ses appels à sa partenaire. Cela permet de tempérer l'intensité du lien et d'éviter un passage à l'acte. C'est en réaction aux interpellations à plus d'autonomie et de préoccupation pour lui-même que Valentin parle de prendre de la distance dans son couple. Le groupe comme « lieu à part » entre lui et sa compagne sera prolongé par un suivi psychologique initié par le groupe lui-même, permettant un transfert du transfert.

En parlant au nom de Valérie, les participants ont permis également de décaler le sujet de ses interprétations à voie unique, donnant une image subjective d'elle, plus nuancée et moins énigmatique.

Néanmoins, ce traitement de l'autre dans le groupe n'est rendu possible que par ce dont M. Recalcati (2002) nommait « désir de l'analyste »: dans les séances présentées, nous voyons bien comment les interventions des thérapeutes sont nécessaires afin d'ouvrir à une circulation de la parole différenciée et non interprétative. Les interventions adressées au sujet lui-même (« c'est ton besoin à toi ») orientent également le travail en ce sens. Ces orientations du discours sont liées par ailleurs à la diffraction du transfert. Sans cette position active des thérapeutes, les dires des participants fonctionneraient en entonnoir comme pousse à l'acte (« quitte-la ») et risqueraient de faire office d'un savoir écrasant pour le sujet.

Une manière d'aider Valentin à davantage voiler son intimité dans le groupe a été de s'appuyer sur le cadre pour mettre fin à son temps de parole et laisser la place aux confrères. Cette attitude de dévoilement sans retenue liée à son fonctionnement psychique inconscient lui a été renvoyée (inconscient en groupe).

Ces différents éléments favorisent l'émergence d'un autre partenaire pour le sujet à travers la pluralité des échanges dans le groupe. Lorsque certains clament à Valentin de faire cesser cette situation, ils disent « non » au trop de jouissance. Quand les thérapeutes empêchent les participants de tomber dans le jugement unique, ils disent non à la jouissance des pairs dans le groupe. Quand les participants et les thérapeutes questionnent et émettent des hypothèses, ils ouvrent à la construction d'une chaîne signifiante subjective. Ils se font partenaires du sujet dans sa quête d'un nouage qui le fait tenir sur le chemin de la parole.

4 Conclusion

Cette étude nous permet donc de mettre en évidence les conditions favorisant un traitement possible de la psychose en groupe :

4.1. *Au niveau du lien du sujet au groupe :*

- Le sujet devrait pouvoir s'identifier à un ou plusieurs traits signifiants captés dans le groupe.
- Le sujet devrait pouvoir supporter le cadre offert comme levier au travail thérapeutique.
- Un transfert diffracté devrait se déployer vis-à-vis du groupe afin d'éviter le collage, la rupture ou la projection massive et interprétative.

4.2. *Au niveau des intervenants : leur intervention doit pouvoir favoriser :*

- La régulation de la jouissance dans le groupe : tempérer toute réaction du sujet, des participants ou des intervenants eux-mêmes (jugement, interprétation, pousse à l'acte…) risquant de réduire le sujet à l'état d'objet.
- La circulation de la parole dans le groupe : s'assurer que le temps de parole soit équilibré et diversifié permet la mise en place du transfert diffracté et l'usage de partenaires « autres ».
- Le questionnement et la mise en place d'hypothèses dans le groupe afin de décaler de la certitude et amener de la nuance.
- L'établissement d'un cadre avec des règles claires et non aléatoires, qui tiennent compte du fonctionnement clinique du sujet.
- Le maniement du transfert.

Ces éléments montrent l'importance du travail du thérapeute dans l'opérationnalité d'un groupe de pairs. Notons que ces réflexions n'auraient pas été possibles sans une exploration des éléments cliniques, appuyée par un fondement théorique. Cela montre la nécessité d'orienter notre travail par un savoir éclairé sur le fonctionnement des personnes que nous rencontrons.

Le thérapeute dans un groupe, à l'image d'un chef d'orchestre, doit pouvoir harmoniser les mélodies entre elles, faire appel aux violons quand nécessaire et les arrêter au bon moment pour faire place au piano. Il doit pouvoir lui-même descendre de son piédestal pour être partenaire du concert. Sans lui, la cacophonie régnerait et les musiciens perdraient leur instrument principal face à l'autre, la Parole.

BIBLIOGRAPHIE

ANZIEU D., *Le moi-peau*, Paris, Dunod, 1987.

FREUD S., « Psychologie des foules et analyse du moi », *Essais de psychanalyse*, Paris, Payot, 1921.

KAËS R., LAURENT P., *Le processus thérapeutique dans les groupes*, Toulouse, Érès, 2009.

KAËS R., « Le travail psychique en situation psychanalytique de groupe », in Kaës R., Laurent P., *Le processus thérapeutique dans les groupes*, Toulouse, Érès, 2009.

LACAN J., *Écrits*, Paris, Seuil, 1966.

LAPLANCHE J., PONTALIS J.-B., *Vocabulaire de la psychanalyse*, Paris, PUF, 1967.

LAURENT P., *Le processus thérapeutique dans les groupes*, Toulouse, Érès, 2009, pp. 125-141.

RECALCATI M., « Une application de la psychanalyse à la clinique du groupe : l'homogène et l'aléatoire », *Mental*, n° 10, mai 2002, pp. 99-110.

RODRIGUEZ M.G., MORENCY G., « La psychothérapie de groupe analytique : intérêt clinique et indication », *Psychologie Québec*, n° 4, 2009.

VASSELIER-NOVELLI C., HEIM Ch., « Représentations du couple et de la famille chez les auteurs de violences conjugales, à partir d'expériences comparées de groupes de paroles », *Thérapie familiale*, vol. 31, n° 4, 2010, pp. 397-415.

WINNICOT D.W., *Jeu et réalité : l'espace potentiel*, Paris, Gallimard, 1975.

ZENONI A., « Logique du transfert dans la psychose », *Les feuillets du courtil*, n° 27, 2007.

ZENONI A., *L'autre pratique clinique : psychanalyse et institution thérapeutique*, Toulouse, Érès, 2009.

Un groupe de femmes auteures de violences conjugales et familiales : mise en place et réflexions de 2009 à 2011

Olivier ***ANTOINE****, assistant en psychologie*
Valérie ***MARTIN****, licenciée en psychologie, psychothérapeute*

RÉSUMÉ

Le présent article a pour objectif de rendre compte de notre pratique auprès d'un groupe de femmes auteures de violences conjugales et/ou familiales. Nous débuterons en retraçant l'évolution de la prise en charge des femmes au sein de notre asbl. Ensuite, nous exposerons nos réflexions liées au contexte dans lequel ce groupe a été mis en place. Nous aborderons également les modalités pratiques de mise en place de ce groupe. Nous développerons enfin les réflexions cliniques qui nous ont traversées durant l'accompagnement de ces femmes. Nous conclurons en reprenant quelques idées centrales qui nous permettront d'envisager des perspectives pour le futur.

Mots-clés : femmes - victime - auteur - groupe de femmes - violences sexuelles - violences sur enfant - couple - famille - homme victime

1 Le contexte

1.1. *La prise en charge des femmes chez Praxis*

La première femme judiciarisée nous a été adressée par le service de probation de la Justice en 1998. Praxis intégrait alors les femmes dans des groupes majoritairement masculins[1]. Cette expérience a duré une dizaine d'années. Nous avons décidé de l'interrompre en raison de la difficulté pour cette minorité de femmes de se dévoiler dans un groupe d'hommes.

Nous avons donc choisi d'accueillir les femmes individuellement puisque nous ne disposions pas de participantes en suffisance pour former un groupe. Or, l'animation de groupe étant notre spécificité, nous sommes toujours restés attentifs à cet objectif. Au fur et à mesure du temps, le nombre de femmes prises en charge au sein de notre antenne de Bruxelles s'est accru. Face à cette augmentation, l'équipe a commencé à envisager la création d'un groupe spécifique pour les femmes[2].

Le centre « Option, Alternative à la violence conjugale » est une asbl québécoise qui offre depuis vingt-cinq ans de l'aide aux auteurs de violences conjugales et familiales. Cette association supervise Praxis depuis le début des années 2000. Les professionnels y ont mis en place un groupe pour femmes auteures et nous ont fait bénéficier de leur expérience[3].

Lorsque nous avons ouvert le groupe le 16 octobre 2009, la population féminine de la Cour d'Appel de Bruxelles (arrondissements de Bruxelles et Nivelles) était composée de neuf judiciarisées et trois volontaires. Au terme des entretiens préalables, nous avons pu débuter le groupe avec trois judiciarisées et deux volontaires. Le groupe a atteint sa capacité maximale (neuf personnes) le 10 juin 2010. Il a donc fallu plus de six

1. Le pourcentage de femmes à Praxis était d'environ 2 % en 1998. Aujourd'hui, elles représentent 7 % de la population de Praxis.

2. Un groupe fermé de quatre femmes s'est également déroulé sur l'antenne de Liège.

3. Delisle L., avec la collaboration de Broué J., « Rompre le secret », in Broué J. et Guèvremont C. (dir.), *Intervenir auprès des conjoints violents*, Montréal, Éditions Saint-Martin, 1999, pp. 69-73.

mois pour constituer un groupe de neuf personnes. Le nombre de femmes a brutalement chuté à partir d'avril 2011. Aucun nouveau dossier ne nous parvenait plus et nous avons assisté aux départs de chacune avant de devoir suspendre le groupe le 26 mai 2011 faute de participantes en suffisance[4].

Au total, vingt-deux femmes ont fait l'expérience de ce groupe : dix Belges, neuf Africaines (quatre Congolaises, trois Marocaines et deux Rwandaises), une Allemande, une Sud-américaine et une Asiatique. Parmi elles, dix-sept judiciarisées et cinq volontaires. Sept étaient sans emploi. En ce qui concerne leur âge, huit se situaient dans la tranche d'âge de 31 à 40 ans, cinq dans la tranche d'âge de 20 à 30 ans, cinq entre 51 et 60 ans, deux entre 41 et 50 ans, et deux ne l'ont pas mentionné.

1.2. *Ouvrir un groupe de femmes, enjeu sociétal*

Ouvrir un groupe de parole pour femmes auteures de violences conjugales et/ou familiales n'est pas anodin. S'il est admis que certaines femmes peuvent exercer de la violence familiale sur leur(s) enfant(s), l'idée qu'elles puissent l'exercer envers leur compagnon est moins répandue.

Si la sensibilisation concernant la violence conjugale se multiplie qu'elle soit physique ou psychologique, les spots radios, télés (« Fred et Marie » par exemple) mettent en scène, dénoncent la violence de l'homme sur la femme mais rarement l'inverse. Comme si cette violence-là était encore peu pensable voire dangereuse à mettre en exergue.

De plus, lorsque cette violence est entendue, elle est alors souvent comprise sous l'angle d'une réponse de la femme à la violence subie de la part d'un homme.

Pour rappel, à Praxis nous accueillons toute personne qui exerce des violences au sein d'une relation forte, intime, familiale. Il s'agit en grande majorité des violences exercées par un partenaire sur l'autre. Mais tant dans les groupes pour hommes

4. Pour qu'un groupe soit subventionné par le SPF Justice dans le cadre de notre convention, il doit réunir au moins cinq judiciarisés.

que dans les groupes pour femmes, nous traitons les violences dans les relations parents - enfants ou dans la fratrie. Dans le groupe de femmes que nous vous présentons ici, nous avons rencontré dix femmes exerçant des violences sur leur conjoint, huit femmes exerçant des violences sur leur enfant, deux femmes exerçant des violences sur leur conjoint ET sur leurs enfants, une femme exerçant des violences sur un autre membre de la famille, une femme exerçant de la violence sur un enfant ET un autre membre de sa famille.

Être attentif à la violence conjugale exercée par la conjointe signifie reconnaître l'existence de cette violence et lui donner une place afin qu'elle puisse être travaillée. Quel enjeu sociétal y a-t-il à reconnaître la violence de ces femmes envers leur conjoint et à la travailler en tant que tel et pas en réaction à celle d'un homme ? Risque-t-on de donner moins de poids à l'égalité des chances, à la reconnaissance de ce que les femmes peuvent subir comme inégalité dans notre société ? Nous avons tenu à être attentifs à cette dimension. Cependant, d'un point de vue social, nous pensons que l'égalité des droits entre hommes et femmes passe aussi par l'opportunité offerte à ces dernières de trouver un lieu adapté au sein duquel leur souffrance pourra être travaillée.

Ensuite, notre pratique clinique nous démontre que si, comme dans les groupes d'hommes, la violence peut être dans certains cas réactive à celle de l'autre dans le couple, ce n'est pas systématique. Par ailleurs, l'optique de notre travail n'est pas d'arbitrer les conflits dans un couple ou une famille mais de questionner le positionnement du sujet en terme de responsabilisation. En d'autres termes, qu'est ce qui fait que la personne s'est retrouvée dans cette situation ? Comment se protéger, mettre des limites ? Comment la personne entre-t-elle en relation et se positionne-t-elle au sein de celle-ci ? Qu'est-ce que la violence vient signifier ? Quelle est la place de cet « agir » dans la dynamique psychique du sujet ?

2 La constitution du groupe, modalités pratiques

Dans un premier temps, nous avons recontacté les femmes qui avaient déjà bénéficié d'un suivi chez Praxis ainsi que celles qui avaient un suivi en cours au sein de notre équipe en leur proposant une autre approche de travail : le groupe. Nous avons également informé les assistants de Justice de Bruxelles et de Nivelles de notre projet ainsi que les partenaires du réseau. Nous avons donc bénéficié de l'apport de deux types de population : les volontaires et les judiciarisées[5].

Une supervision du duo d'animation a été mise en place par un superviseur extérieur. Monsieur Antoine Masson[6] nous a accompagnés dans nos réflexions. Nous avons bénéficié de sept supervisions. Deux membres de notre équipe se sont également proposés comme interviseurs du groupe et nous échangions ensemble tous les deux mois.

Au niveau théorique, nous avons recherché des documents pour nous informer sur le travail avec les femmes auteures de violences conjugales et/ou familiales. Nous avons constaté que la littérature à ce niveau est peu fournie. Au niveau empirique, nous avons reçu de l'information du centre Option à Montréal avec qui nous sommes en relation étroite.

Les participantes ont toutes été vues par au moins un des animateurs du groupe. Nous visions ainsi à créer un lien fort entre la participante et les animateurs du groupe. De cette façon, nous avons voulu mettre un maximum de chances de notre côté pour que la dynamique de groupe soit favorable au travail.

Notre équipe a également mis en place des rencontres de sensibilisation auprès de nos partenaires (assistants de Justice,

5. Chez Praxis, le terme « judiciarisé » recouvre les personnes envoyées par le service de médiation pénale ou de probation. « Volontaire » signifie que la personne n'est pas envoyée par la Justice mais entame une démarche personnelle.

6. Psychiatre, psychanalyste, formateur au centre Chapelle-aux-Champs, A. Masson enseigne notamment la criminologie aux universités de Louvain et de Namur.

réseau associatif) afin de permettre à d'autres femmes d'intégrer notre dispositif. Progressivement, le groupe s'est constitué. Il se tenait une fois par semaine et durait deux heures.

2.1. *Les participantes : leur parcours*

Il nous semble intéressant de présenter quelques caractéristiques du parcours des participantes pour lesquelles nous développerons des vignettes cliniques dans notre propos et de ce qui les a amenées à envisager un travail de groupe chez Praxis. Outre des éléments de leurs vies personnelles, nous mettrons également en exergue ce qu'elles attendent de cette expérience. Nous nous axerons plus particulièrement sur ce que nous avons appris lors des entretiens préalables au groupe afin d'entendre où en sont ces femmes au moment de leur entrée. En effet, certaines ayant bénéficié d'un suivi dans l'institution, nous ne reprendrons pas tout leur travail en individuel en détail mais seulement les éléments qui pourraient être pertinents en rapport avec ce qui va se « jouer » dans le groupe.

Dans cette section, il s'agit bien entendu des cinq participantes qui ont démarré le groupe (quatre judiciarisées et un volontaire). Par la suite, le groupe a rapidement changé. Certaines nous ont quitté et d'autres sont entrées. Dans une section ultérieure, nous aborderons plutôt les questions que les participantes ont soulevées et que nous avons traitées en supervision.

Kathryn, Virginie, Jeanne, Nina et Corine sont des noms d'emprunt. Les informations ont été modifiées le plus possible afin de préserver l'anonymat de ces femmes sans dénaturer les spécificités de leur situation.

Kathryn

Kathryn a d'abord bénéficié d'un suivi individuel au sein de notre institution. Elle a effectué vingt et une entrevues de 2007 à 2008. Suite à notre courrier qui proposait un travail de groupe, elle nous a recontactés durant l'été 2009.

Madame a actuellement trois enfants : une fille aînée, un garçon et une fille. Son aînée a dix ans aujourd'hui et est maltraitée par sa maman depuis qu'elle a deux ans et demi. Madame identifie d'emblée les facteurs de risque de passage à l'acte violent : stress et fatigue. En 2006, Madame apprend qu'elle est enceinte de son troisième enfant. Elle commence à frapper son fils lorsqu'elle apprend que ce troisième enfant est une fille. Madame dit de cette violence qu'elle ne se voyait pas. Sa fille aînée s'arrangeant toujours pour protéger sa maman en trouvant des excuses à des marques qu'elle pouvait porter suite aux coups.

Pour Kathryn, le déclic s'opère lorsque la plus petite montre des signes de peur envers sa maman alors qu'elle n'a jamais été maltraitée. Elle se rend compte que la situation n'est pas normale et tente alors de faire appel à des services spécialisés (SOS-enfants ; SAJ) contre l'avis de son mari et de sa belle-famille qui ne « veulent pas croire » qu'il y a un problème selon ses propres termes et fait appel à Praxis. Il lui est difficile de se faire entendre par les services spécialisés de l'aide à l'enfance ; il faudra un nouveau passage à l'acte pour que les enfants soient placés en internat et que la cadette soit suivie de près par une gardienne de l'ONE.

La mère de Kathryn est décédée il y a quinze ans. Depuis, elle a effectué des recherches sur son enfance pour « comprendre pourquoi je suis comme ça, si tendue » dit-elle. Elle a découvert qu'elle avait été hyperactive et que le côté physique des symptômes avait été pris en charge. Elle n'a pas parlé avant ses quatre-cinq ans et pense que ça doit avoir un lien avec l'agissement de la violence. Parallèlement à ses vingt et une entrevues individuelles à Praxis, elle a consulté un hôpital de jour. Là, le diagnostic d'hyperactivité a été confirmé. Elle consultera également un thérapeute privé pendant quelques mois. À ce stade, cela fait presqu'une année et demi que Kathryn est sortie du silence et (d)énonce elle-même les violences dont elle est capable. Malgré toutes les prises en charge qu'elle a entamées, elle commet un nouveau passage à l'acte sur sa fille aînée à la suite duquel elle se rend aux urgences pour se contenir : elle voulait se suicider avec ses enfants. Les trois enfants sont alors placés. Lorsque nous la retrouvons l'été 2009, Madame nous apprend qu'elle frappe également son mari : elle lui reprochait de ne pas réagir par rapport à sa violence envers les enfants. Elle ajoute : « J'ai jamais eu les couilles au cul pour partir avec mes enfants, je suis chaque fois revenue la queue entre les jambes ».

En ce qui concerne son intérêt pour le groupe, Kathryn souhaite entendre des conseils des autres mamans pour éviter de rechuter. Elle souhaite également se questionner sur la façon d'aider ses enfants à évoluer après ce qu'ils ont vécu. De plus, elle veut aider les autres membres du groupe. En effet, il est important pour elle de partager son vécu, son parcours, de donner une dimension sociale à tout cela, « que ça serve » selon ses propres mots. Sa crainte est d'être confrontée à la gravité des faits des autres participantes. Il lui est parfois difficile de communiquer avec les autres. Un objectif dans le groupe serait d'apprendre à poser ses limites pour ensuite exporter cela dans ses relations personnelles.

Virginie

Virginie a vécu une relation de huit ans avec son premier compagnon, ils ont deux enfants de cinq et trois ans. Elle a subi beaucoup de violence de sa part : il la frappait, l'insultait, l'humiliait en public. Les violences ont débuté lorsqu'elle était enceinte. Elle a perdu un bébé alors qu'elle était enceinte de sept mois. Elle aurait souffert d'une prééclampsie (hypertension artérielle durant la grossesse) suite à des violences selon elle. Elle rencontre alors Luc sur son lieu de travail. Comme la situation se dégrade avec son compagnon, elle le quitte et va vivre chez les parents de Luc. Très vite, ils trouvent un appartement afin que ses enfants soient avec elle. Virginie se dit très jalouse et très possessive envers Luc. Régulièrement, des disputes éclatent et elle le frappe. Lors d'une de celles-ci, elle le menace avec un couteau (il avait dénoncé auprès de ses parents les comportements de violence de Virginie, ce qui lui a donné le sentiment d'être « salie »). Luc dépose plainte et suite à une médiation pénale, demande que Virginie soit suivie à Praxis.

Virginie reconnaît avoir des paroles blessantes envers son compagnon : « tu es cocu, je te trompe... ». En entretien, elle nous dit que pour avoir été dénigrée pendant des années par son premier compagnon, elle se venge sur le deuxième bien qu'elle dise « l'aimer comme une dingue ». Elle se sent mal dans sa peau, n'a pas confiance en elle, ce qui la conduit à cette jalousie possessive envers lui. Elle se sent fort nerveuse et éprouve des difficultés à s'exprimer, à dire ce qu'elle ressent. Elle est persuadée que la jalousie est une façon de prouver son amour à l'autre. Elle affirme que les relations avec ses enfants sont bonnes mais elle éprouve des difficultés à mettre des limites, à exercer une autorité. Par la suite, nous apprendrons que les relations sont très conflictuelles et tendues avec ses enfants. L'un d'eux l'a même dénoncée auprès de l'école, affirmant que sa mère l'aurait brûlée avec sa cigarette, ce que Virginie dément.

Jeanne

Jeanne a la petite vingtaine. Les faits se sont déroulés sur une proche parente : Delphine. Jeanne et Delphine étaient comme deux sœurs. Il y a deux ans et demi, Jeanne rencontre Christian avec qui elle entame une relation de couple. Pour une raison dont elle ne se souvient plus, les deux jeunes femmes se disputent et ne se fréquentent plus. Delphine répand alors des rumeurs sur le couple : Christian n'aime plus Jeanne. Lors d'une soirée, Jeanne prend connaissance de rumeurs supplémentaires. Avec Christian et deux autres amis, elle se rend chez Delphine et lui demande d'ouvrir la porte sous peine de représailles. Delphine obtempère. Jeanne voulait que cette dernière reconnaisse ses propos et la laisse vivre sa vie de couple en paix. Delphine nie tout en bloc et se saisit d'une arme blanche et fait un geste vers Jeanne qui l'évite de justesse. Ce geste lui fait peur ainsi qu'à son compagnon car elle s'est fait opérer peu de temps auparavant. Ce dernier immobilise violemment Delphine et elle porte plainte. Jeanne souffre des répercussions de cette situation ; sa famille est déchirée, sa mère et la mère de Delphine ne se parlent plus et elle ne voit plus les autres membres de sa famille. Jeanne et sa mère ont peur : les pneus de leurs voitures sont régulièrement crevés, elles craignent des représailles. En effet, le beau-père de Delphine est déjà venu avec un ami au domicile de la mère afin de les intimider et a laissé des menaces de mort sur le répondeur de Jeanne.

Nina

Nina est Congolaise. Elle vit avec Emmanuel, son mari depuis trois ans. Celui-ci a un fils d'une précédente union : Jean. Ensemble, Nina et Emmanuel ont deux filles en bas âge. Selon Nina, Jean pose problème. Sa maman, Manuela, ne s'occupe pas de lui. C'est Nina qui s'en occupe depuis presque quatre ans. Elle dit de lui qu'il est gentil mais qu'il fait des bêtises. L'an dernier, il a mis le feu à des couvertures dans sa chambre. Il a aussi allumé le gaz et lancé des allumettes. Fâchée, Nina s'est alors dirigée vers la salle de bain et a pris son pantalon. Jean la suivait. Elle lui a dit de la laisser en le repoussant avec son pantalon. Dans le mouvement il aurait reçu un coup de la ceinture accrochée au pantalon. Le lendemain, l'école a constaté des traces sur son visage et la directrice a convoqué Nina. Elle a ensuite appelé la Police. Nina dit frapper Jean sur les fesses, et lui tirer les oreilles. Elle dit qu'il frappe d'autres enfants et a cassé les dents de sa fille aînée en la poussant. Nina aimerait que Jean voie un psychologue mais son mari refuse.

Corine

Corine est envoyée par la Justice pour avoir menacé son fils cadet avec un couteau. Elle a deux garçons âgés respectivement de dix-sept ans, Louis, et dix-huit ans, François. Elle est divorcée depuis 2003. Cette séparation s'est très mal passée. En effet, en 1999, Madame est hospitalisée suite à une tentative de suicide. Durant son hospitalisation, Monsieur entame une procédure de divorce. Commence alors un long combat autour de la garde des enfants. Madame a d'emblée proposé la garde alternée mais Monsieur souhaite obtenir la garde totale des enfants. Madame s'est sentie harcelée par son ex-compagnon et a dû subir de nombreuses expertises psychiatriques à la demande de Monsieur. Finalement, elle a obtenu la garde de ses enfants. Elle fait état de harcèlement de la part de son mari pendant les années de leur mariage : dénigrement, harcèlement, violence psychologique.

Les problèmes avec ses fils ont débuté lorsqu'ils ont commencé à avoir plus de force qu'elle. L'aîné, François, a toujours été en opposition. Selon Corine, la tension montait, il voulait « devenir le maître suprême », dit-elle. Les relations se sont tellement dégradées qu'elle a proposé au père de ses enfants de le reprendre chez lui. Elle n'avait plus aucune autorité sur lui. Ils ne se sont plus vus durant trois mois puis les contacts ont repris peu à peu. Les faits pour lesquels elle est arrivée en médiation pénale sont les suivants : il y a deux ans, elle a menacé son deuxième fils, Louis, avec un couteau. Ce dernier aurait lui-même menacé son frère plusieurs fois avec un couteau. Elle n'en connaît pas les raisons. Corine explique son geste en disant qu'elle voulait lui faire peur, le menacer, lui faire comprendre ce qu'il a fait à son frère. Elle était très en colère.

Madame a fait une thérapie pendant trois ans suite à une dépression. Actuellement, elle repère que des deuils n'ont pas été faits dans son histoire (séparation, vécu d'adolescente...). Elle voudrait ne plus se laisser mettre à bout, ne plus être déstabilisée psychologiquement lors des disputes avec son fils. Corine ne sait pas quelle route prendre pour se faire respecter. Ce qui pourrait mettre son travail à mal dans le groupe serait qu'elle se voile la face, selon ses propres termes : beaucoup d'événements du passé ne sont pas réglés.

2.2. *Le groupe et sa dynamique*

Notre première séance de groupe a eu lieu le 16 novembre 2009. Quatre participantes étaient présentes : Virginie, Jeanne, Veronica et Kathryn. Nous n'avons pas pu accepter Nina dans la séance car elle s'est présentée avec son jeune enfant d'un an. Elle est néanmoins venue saluer le groupe et a pris l'engagement (peu ferme il est vrai) de trouver une solution pour la semaine suivante. Veronica n'a participé qu'à une séance et a ensuite quitté le groupe.

Durant cette première séance, nous avons posé le cadre de travail. En équipe, nous avions envisagé ce groupe comme un groupe ouvert[7]. Nous avions ainsi la possibilité de continuer à faire entrer, pendant un temps, les femmes qui s'adresseraient à nous. Le groupe aurait ensuite été fermé jusqu'à la fin. Nous nous sommes rendu compte lors de notre première supervision de duo que nous l'avions finalement présenté à nos participantes comme un groupe ouvert, sans donner beaucoup de détails.

Nous avons également conçu un journal de responsabilisation[8] que nous avons voulu plus adapté à notre groupe. Il a été convenu que les participantes en disposeraient dans les quinze jours.

7. Un groupe ouvert est un groupe qui a lieu chaque semaine, Le participant y effectue vingt et une séances. Au terme de celles-ci, il peut soit s'engager à suivre un nouveau cycle soit quitter le groupe. Une autre personne peut alors intégrer le groupe. Un groupe fermé est un groupe dans lequel les participants commencent ensemble, effectuent quarante-deux heures et terminent en même temps.

8. Ce journal comprend des informations sur le déroulement de la semaine du participant en rapport avec la violence : une violence a-t-elle été envisagée, exercée, quelles émotions ont été ressenties...

Nous avons abordé la question de la confidentialité et des rapports avec la Justice.

Afin de créer du lien entre toutes et de faire connaissance, nous avons proposé un exercice non verbal. Il s'agissait de faire connaissance autrement que par la parole dans un premier temps, de prendre conscience de l'existence de l'autre, dans le respect de ses limites à lui et des siennes propres. Les animateurs ne participent pas à l'exercice.

Voici le déroulement de l'exercice :

Chacune circule dans la pièce, en veillant à prendre possession de l'espace, à s'approprier le lieu. À ce stade, nous demandons à chacune de ne pas lever les yeux et de prendre conscience du passage des autres à proximité.

Ensuite, les participantes continuent à évoluer dans la pièce mais en se permettant de croiser le regard de l'autre sans pour autant s'y arrêter.

Enfin, lorsque les regards se croisent, les personnes soutiennent ce regard dans le respect de ce que chacun peut accepter, puis les personnes continuent à cheminer. Lorsque l'animateur met fin au jeu, chacun se trouve un partenaire avec qui il pourra ensuite faire connaissance verbalement. Nous prenons ensuite un temps pour que chacune puisse exprimer son ressenti, son vécu, ses réflexions suite à l'exercice.

D'une manière générale, les participantes ont bien vécu l'exercice ; Kathryn a cependant refusé de le poursuivre. Elle se sentait mal, insécurisée. Elle a été très étonnée de sa réaction : elle se définit comme « une grande gueule » et est très surprise de ne pas avoir pu maintenir cette « carapace ». Le groupe s'est montré soutenant envers elle. Nous avons, animateurs, pointé le bienfait du « vacillement », de la possibilité de se montrer différemment que d'habitude et de s'ouvrir ainsi au changement.

Chacune s'est ensuite présentée aux autres : certaines en évoquant les faits pour lesquelles elles sont ici, d'autres en faisant état de leur situation familiale. Nous avions demandé de répondre en tout cas à la question suivante : « de quoi suis-je fière, qu'est-ce que je fais de bien ? », une manière de leur permettre de s'appuyer sur un élément valorisant de leur histoire.

En ce qui concerne la dynamique de groupe à ses débuts, il n'est pas très stable en terme de permanence des participantes. En effet, avant la deuxième séance, nous avons appris que Véronica avait dû modifier ses horaires de travail et était désormais indisponible le lundi soir. Nous ne l'avons plus revue. Nina a eu beaucoup de difficultés à intégrer le groupe. Elle est finalement entrée à la troisième séance, a effectué deux séances puis s'est absentée à deux reprises. Virginie s'est présentée les trois premières fois. Nous avons ensuite été prévenus qu'elle venait aussi de trouver un travail qui la rendait indisponible également. Cependant, elle a pu s'organiser et réintégrer le groupe de façon permanente. Corine a intégré le groupe à la troisième séance et Rachida à la sixième. À ce stade, ces mouvements rendent difficile une inscription sécurisante du groupe tant pour les participantes que pour les animateurs. Néanmoins, les séances sont riches en termes de contenu et il semble y avoir une bonne cohésion de groupe. Nous avons également associé le groupe dans la relecture du fascicule qui présente le groupe de femmes et qui est destiné à être inséré dans le prospectus de Praxis.

Progressivement, d'autres participantes sont venues nous rejoindre et le groupe s'est stabilisé. Nous avons pu mettre en place l'ensemble des rituels utilisés dans les groupes de responsabilisation à Praxis : l'accueil, l'engagement, le récit, le continuum, le bilan, le journal de responsabilisation, le travail sur les récidives.[9]

En ce qui concerne le cadre de travail, nous avons été confrontés plusieurs fois à des soucis de garde d'enfants pour nos participantes. Celles-ci sont pour la plupart fort isolées socialement et ont des difficultés financières. Nous avons tenté de réfléchir à une proposition qui leur permettrait de faire garder

9. L'ensemble de ces rituels et de ces étapes de travail seront décrits dans un autre article de cet ouvrage rédigé par Vincent Libert.

leurs enfants (collaboration avec une autre asbl...) mais nos recherches n'ont pas abouti. Cette contrainte de garde d'enfant a eu un impact sur la présence de plusieurs participantes en séance.

2.3. *Nos questions, réflexions dans l'accompagnement de ce groupe de femmes*

Nous ne reprendrons pas chaque séance dans le détail mais nous tenterons de relever des questions, thèmes soulevés par les participantes et qui nous ont amené à réfléchir. La plupart de ces réflexions ont été travaillées en supervision.

2.3.1. Les formes de violence exercées sur les enfants

Un épisode nous a permis d'appréhender la conception de ce qu'est la violence pour ces femmes. Nous n'avons pas autorisé Nina à participer à la première séance. En effet, ne disposant pas de garde pour ses trois enfants, elle avait pris la plus jeune avec elle et souhaitait la laisser dans la salle d'attente durant le groupe. Nous lui avons donc demandé de rentrer chez elle et de trouver une solution sécurisée pour ses enfants d'ici la rencontre suivante. La semaine d'après, elle a annoncé au groupe qu'elle avait laissé les enfants seuls à la maison dans l'attente que son mari rentre du travail. Toutes les participantes se sont montrées très inquiètes. Kathryn s'est levée et est partie en claquant la porte. Nous nous sommes interrogés devant les participantes et avons décidé de poursuivre le groupe et de reprendre les événements avec Kathryn. Nous avons attendu qu'elle revienne d'elle-même ce qu'elle a fait après quelques minutes.

Nous avons abordé ce fait clinique sous plusieurs angles.

Il s'agissait en effet que la réaction de Kathryn n'induise pas d'insécurité dans le groupe. Nous nous sommes interrogés sur le sens de cette réaction si vive. Qu'est-ce qui l'avait touchée et était à ce point insupportable ? En réfléchissant ensemble, dans le groupe, elle nous dit : « Pour moi, j'ai fait de la violence, j'ai frappé mes enfants, je les ai mordus mais les laisser seuls, ça, moi, jamais je ne l'aurais fait, c'est intolérable pour moi… ». Lorsque Corine raconte son départ du domicile conjugal avec ses enfants il y a quelques années, Kathryn intervient : « Moi aussi, j'aurais dû avoir les couilles de partir et je ne l'ai pas fait ». Cette réflexion nous interpelle dans la mesure où elle s'est toujours présentée comme « celle qui frappe » selon ses propres termes. Elle nous dit alors qu'elle aurait dû partir car quand son mari apprenait qu'elle avait frappé les enfants, il lui disait juste que ce n'était pas bien, qu'elle devait arrêter.

Nous nous sommes d'abord demandé si cette révolte face à la négligence de Nina n'était pas pour Kathryn une façon de se reconstruire narcissiquement. Peut-être, mais pas seulement… L'hypothèse qui nous vient également à ce stade est que dans son mode d'organisation, laisser les enfants seuls, est plus violent que de les frapper. Il semble qu'un idéal soit de partir avec les enfants en annulant le mari et qu'un impossible soit de laisser les enfants seuls. C'est toute la question de la « bonne » distance d'une mère envers ses enfants qui s'ouvre à nous. Ainsi, pour Kathryn il y aurait un côté « collé », il est très difficile de concevoir la distance envers ses enfants. Elle dit d'ailleurs : « Chez moi, ça monte quand ma fille se referme, que je lui demande ce qu'il y a et qu'elle ne répond pas… » La violence monte quand l'autre lui échappe. Ce côté « collé » est en lien étroit avec l'absence de place donné au mari, au père des enfants. En effet, la présence d'un tiers dans ses relations à ses enfants fait défaut chez Kathryn. Progressivement, en faisant appel aux différents services d'aide, elle introduit du tiers dans ses relations. Cette distanciation progressive et acceptable pour elle par rapport à ses enfants lui permet de se positionner différemment en tant que mère. On comprend mieux qu'elle ne puisse entendre que Nina laisse ses enfants échapper à ce point. Il y a dès lors tout lieu de la croire quand elle nous dit qu'elle serait incapable d'exercer cette forme de violence.

Nous avons eu l'impression dans ce groupe d'être davantage confrontés, dans un premier temps, à des questions de l'ordre de l'éducation : « Je ne sais plus comment le gérer, il ne me respecte pas », « il fait tout le temps des bêtises, je ne sais plus quoi faire »...

Couplée à cette question, s'est rajoutée pour nous celle de la gravité d'un acte. Faut-il considérer de la même façon la menace avec un couteau, une tape sur les fesses, des coups répétés ? Comment aborder cela de façon thérapeutique sans tomber dans le jugement moral ou le jugement pénal qui relève de la Justice ?

Comment penser le passage de ce qui est normatif dans une société au rapport psychologique ? Selon Antoine Masson, notre superviseur, la société édicte des normes. À nous, dans les groupes de comprendre ce qu'il y a de violent dans l'acte que le participant a agi (par exemple, la violence des fantasmes non-contenus, violence de la culpabilité...), de nous attacher à la nature de cette violence. Le statut de l'acte dépend du processus dans lequel il s'inscrit. Il y a un « avant » (interroger l'intentionnalité) et un « après » (comment le sujet en assume les effets, les conséquences sur l'autre). Oui, la société a jugé que le comportement en question était violent et inacceptable. À nous de voir où la participante situe cette violence ou l'occulte.

Cette réflexion nous aide à aborder différemment les questions liées à l'éducation. Dès lors qu'il y a violence, on peut faire l'hypothèse que des soucis personnels ne sont pas réglés, qu'une souffrance continue à agir. En effet, beaucoup de nos participantes ont vécu des négligences affectives ou matérielles et ont subi de la violence elles-mêmes dans leur famille. Il s'agit donc de ne pas camoufler cette souffrance derrière une adaptation comportementale et de s'en tenir à un « ça ne se fait pas » mais d'ouvrir sur « comment se fait-il que ça se passe et qu'il faille un tiers pour traiter cette question ? ». Ainsi, revisiter le passé afin de donner une place à la souffrance, questionner ce que veut dire pour chacune « éduquer un enfant » en lien avec leur propre vécu sont autant de pistes à explorer en groupe.

Nous nous sommes appuyés sur les éléments suivants pour travailler cette question avec nos participantes :

- D'une part, il ne s'agit pas de projeter sur l'enfant des choses qui ne le concernent pas. En effet, c'est à l'adulte de se mettre au clair sur ses limites, ressentis, vécus et à ne pas les projeter ou les rejouer avec son enfant. D'où la nécessité en groupe d'ouvrir sur la question du vécu, du ressenti, des questions non résolues de l'histoire personnelle.
- D'autre part, il s'agit de s'interroger sur l'effet que les comportements ont sur cet enfant tout en sachant qu'un enfant n'est pas l'autre et que donc un même comportement peut avoir des impacts différents selon le sujet qui le reçoit. Il serait donc important d'amener les participantes à entendre l'enfant dans ce qu'il est, ce qu'il vit... d'être donc dans une dynamique relationnelle plutôt que de les amener à appliquer des principes éducatifs stricto sensu sans en percevoir le sens dans la dynamique relationnelle qui se joue entre elle et leur enfant.

2.3.2. Les formes de violences exercées sur les conjoints

À ce stade, les formes de violence exercées par les femmes nous interpellent. Nos participantes qui ont exercé de la violence sur leur compagnon ont utilisé des armes blanches : couteau, tisonnier... En ce qui concerne la violence verbale, nous avons entendu du dénigrement « tu n'es pas un homme », « t'as pas de couilles », « t'es qu'une plante, tu sers à rien » Bien entendu, il est trop tôt pour tirer des conclusions en terme de violence liée au genre. En supervision, nous avons constaté que ces femmes sont dans des positions subjectives différentes envers la violence. La violence prend une place différente dans la logique relationnelle de ces femmes en fonction de leur histoire et de leur position subjective. Au-delà de toute référence à un ordre moral, ce sont ces logiques singulières que nous devons questionner dans et avec le groupe, pour permettre à ces femmes de se positionner différemment avec pour corollaire, espérons-le, qu'elles n'aient plus « besoin » de faire appel à la violence.

Pour Virginie, il s'agit que l'autre lui montre son amour en lui faisant mal, en la battant. C'est un signe d'intérêt. Si l'autre veut la posséder, c'est qu'il l'aime. Elle dit d'ailleurs « au début, il était fou de moi, il ne supportait même pas que je voie mon ex lorsqu'il venait chercher les enfants ». Elle-même est très jalouse et refuse que son compagnon porte un regard sur une fille à la télévision. Si elle sent « qu'il lui échappe », « qu'il n'est pas tout à elle ». Elle dit essayer de le blesser pour le faire réagir. Pour l'accrocher, elle utilise des termes forts « c'est moi qui porte le pantalon ici » s'attribuant par-là les attributs du masculin.

Ceci nous permet une parenthèse sociologique. Dans la manière de penser la violence exercée par ces femmes, nous ne pouvons ignorer les coordonnées sociologiques de la société dans laquelle nous évoluons et y être attentifs, les questionner. En effet, dans notre société, l'homme est davantage stigmatisé du côté de la force physique. Kathryn le pointe à la première séance : « un homme qui frappe dérange moins qu'une femme qui frappe ».

Dès lors, comment penser la violence en fonction des coordonnées sociologiques dans lesquelles le sujet évolue ? Monsieur Masson nous éclaire en citant Philippe Gutton : « Est violent tout ce qui est vécu comme un empêchement à ce que l'autre soit vraiment sujet ». Ainsi, la violence à l'égard de l'homme visera à le déposséder de ses attributs masculins. Le raisonnement est le même envers les femmes : la violence envers la femme est ce qui l'empêche d'être sujet en tant que femme. Une voie pour comprendre la violence exercée serait de se demander ce qui détruit l'autre dans sa capacité d'être sujet masculin ou féminin. Ces différentes façons d'atteindre l'autre renverraient à des panoplies différentes en fonction de la société dans laquelle le sujet évolue.

2.3.3. La violence sexuelle subie par ces femmes

Nous sommes début mai. Depuis début mars, le groupe, comptabilisant au minimum cinq judiciarisées, est désormais officiellement reconnu par la Justice. Nous sentons depuis un moment une permanence, une stabilité dans le groupe : le groupe est vraiment constitué. Depuis quelque temps, nous avons proposé aux femmes de présenter leur continuum des violences agies et subies[10]. Jeanne partage alors des faits de violence sexuelle qu'elle a subie et dont elle n'a parlé qu'à son compagnon actuel. La séance suivante, nous interrogeons le groupe sur les effets de sa présentation. Trois autres femmes se livrent, elles ont aussi subi de la violence sexuelle et aucune d'elle n'en a jamais parlé. La séance est dense. L'émotion est très présente et les mots se déposent calmement, dans le respect. Nous nous sommes interrogés suite à cette séance : comment parler de cette forme de violence qui touche à l'intimité profonde de l'être ? Sans entrer dans des recettes, comment penser cette séance et ce qui s'y est joué et qu'en faire ensuite ?

Nos participantes ont subi beaucoup de violences au cours de leur existence. Nous pensons que les conjoints, les enfants peuvent apparaître comme des exutoires de ce qui les déborde. Nous formulons l'hypothèse que parler de leur vécu dans le groupe permet de l'élaborer entre elles plutôt que de le faire porter à d'autres. L'entraide permet de désamorcer et de préserver l'extérieur. L'enjeu est de voir comment ces femmes parlent de cette violence et d'éviter de partir dans des discours de justification à la violence qu'elles peuvent avoir agi ou agir. Il ne s'agit donc pas de s'intéresser aux détails des faits mais aux effets-mêmes d'en parler : « Qu'est-ce que ça a eu comme effet d'en parler aujourd'hui » et « Qu'est-ce que ça a déposé en vous de ne pas en avoir parlé jusqu'ici ? ». Une violence subie dont on ne parle pas peut alimenter une haine dont on finit par ne plus savoir d'où elle vient.

10. Il s'agit d'un exercice durant lequel le participant présente au groupe les violences qu'il a agies ou subies durant sa vie. Un animateur l'accompagne en posant des questions, proposant des liens, hypothèse et en soutenant le participant dans sa prise de parole sur son parcours de vie.

Cette question de comment parler de la violence sexuelle dans le groupe touche à une question plus large encore ; comment savoir s'il est juste (dans le sens de la justesse) de pointer telle chose ou de nommer telle autre ? Antoine Masson nous rappelle alors que le critère du « bien-dire » ne peut s'évaluer qu'a posteriori : est-ce que le groupe peut contenir les effets de la question posée ? Nous devons donc être vigilants en tant qu'animateurs à travailler les effets de ce qu'on a produit, ne pas renvoyer ces femmes seules chez elle avec ce qu'elles ont dit en séance.

À ce stade de notre réflexion, une question demeure : Virginie était absente à la séance passée, y a-t-il un lien avec les effets de la révélation de Jeanne ? Comment lui restituer quelque chose de ce qui s'est passé sans elle ? Son absence est-elle liée à une incapacité de donner suite à ce continuum présenté par Jeanne ? Peut-être cela a-t-il provoqué un grand émoi qui se joue hors du groupe. Nous pourrions reconnaître avec elle qu'il y a parfois des choses dont il est trop difficile de parler.

2.3.4. La question du silence : la violence non dite

Nous nous servons d'un journal de responsabilisation que nous demandons aux participantes de remplir chaque semaine. En début de séance, les animateurs lisent le journal de chacune. Les participantes sont au courant que nous sommes susceptibles de les interpeller sur ce qu'elles ont écrit.

Jeanne a noté dans son journal qu'elle a exercé de la violence durant la semaine qu'elle précise « ni physique, ni verbale » en ajoutant : « je ne veux pas en dire plus ».

Mal à l'aise durant l'heure de la séance et visiblement déconnectée du vécu des autres participantes, nous l'interpellons en deuxième heure sur son journal. Nous lui disons que nous ne nous intéressons pas au contenu du fait de violence qu'elle a exercé mais bien plutôt à ses effets sur elle et sur la personne violentée. Nous apprenons qu'il s'agit de son compagnon et qu'il n'est pas encore au courant de cette violence. Jeanne a peur qu'il réagisse à son tour de manière violente une fois qu'il en aura pris connaissance. Nous nous préoccupons de la situation. Jeanne reste en retrait et laisse planer le mystère. Le groupe est mal à l'aise : « On aimerait l'aider mais on est impuissantes », « C'est frustrant » nous dit une autre participante. La séance se clôture sur une note défaitiste : Jeanne nous dit que la séance ne lui a rien apporté.

Dans le cadre de notre supervision avec Monsieur Masson, nous nous interrogeons sur le silence de Jeanne, sur l'absence de verbalisation sur ce qu'elle nous signale par écrit. En ne voulant pas parler de sa violence, elle met l'autre dans l'impossibilité de savoir. Une violence qui circule dans le groupe mais dont on ne peut pas parler ni voir est un phénomène insécurisant et risque de faire exploser le groupe. Néanmoins, il est plus adéquat de dépersonnaliser les choses pour ne pas se focaliser sur Jeanne et que la séance serve à lui faire avouer coûte que coûte. N'interrogeons pas le contenu mais ce qui se joue, ici et maintenant. L'idée est de renvoyer la question au groupe : « Que fait-on quand quelque chose de violent ne se dit pas ? » Comment chacune réagit-elle devant la violence muette ? Par son attitude, Jeanne transpose dans le groupe la violence dont il s'agit et qui peut être une violence qu'elle a subie elle-même. Elle manifeste cette violence subie dont elle a beaucoup parlé dans d'autres séances : le secret autour des décès de bébés de ses parents, de leur séparation puis retour en couple. Elle ne cherche peut-être pas à mettre le groupe en difficulté mais il est sans doute impossible pour elle de mettre des mots, de dire le contenu de cette violence. C'est sous cette forme que nous avons refait circuler la parole.

3 « 22 femmes » : le témoignage de l'animateur masculin ; par Olivier Antoine

Vingt-deux, c'est le nombre de femmes qui ont intégré notre groupe sur une période de dix-huit mois dans notre asbl Praxis. On m'a demandé d'écrire en ma qualité d'intervenant masculin qui a eu la mission d'animer le groupe de responsabilisation pour femmes auteures de violences conjugales et/ou intrafamiliales qui s'est tenu à Bruxelles du 16/11/2009 au 26/05/2011.

La particularité de ma position fut d'être l'animateur masculin de ce groupe en partenariat avec ma coanimatrice Valérie Martin, puis durant les trois derniers mois d'existence du groupe, avec Alexandra Richir.

Valérie et moi avons eu la responsabilité d'un groupe pour hommes, puis en même temps celle d'un groupe pour femmes. Notre duo travaillait donc ensemble deux fois par semaine dans l'accompagnement de deux groupes différents. Dans l'animation du groupe de femmes, je me suis retrouvé dans l'égale position de mes collègues féminines, à savoir celle de « l'intrus » de genre, mais avec la particularité supplémentaire que je la partageais avec la collègue qui se trouvait dans la même position que moi en coanimant avec moi un groupe d'hommes. Nous pouvions ainsi nous soutenir l'un l'autre dans le contraste des projections que nos deux groupes opéraient alternativement sur l'un et sur l'autre.

J'ai ainsi pu entendre beaucoup de stéréotypes sur les hommes et les femmes. En animant un groupe de femmes, j'ai donc pu dans une certaine mesure expérimenter la position dans laquelle se retrouvent mes collègues féminines en animant un groupe d'hommes, à savoir celle d'être la cible des attaques faites au genre que je « représente » ou à tout le moins support de projections diverses.

Les reproches aux hommes m'ont été adressés de manière détournée. En évoquant une situation relationnelle décevante, une participante pouvait diriger son regard vers moi, de même lors des généralisations sur les hommes. Je n'ai jamais vécu d'agressivité à mon encontre dans le groupe.

« Peu importe le sexe de l'intervenant, amorcer et poursuivre un traitement exigent que le client lui accorde un pouvoir »[11] Si ma compétence à assurer avec ma collègue le respect du cadre du groupe a été plusieurs fois testée, ce fut moins par

11. Roy V. et Meunier V., « Intervenir auprès des conjoints violents : les enjeux posés aux intervenantes », *Intervention*, n° 112, automne-hiver 2000, p. 92.

des tentatives d'invalidation que par la recherche des limites autorisées dans le groupe. L'exploration des limites accompagnée de l'assurance d'un cadre qui « tient » a permis aux participantes de se sentir dans un espace sécurisant permettant de se livrer sans débordement.

Si le pouvoir de l'intervenant réside en partie dans la garantie du respect du cadre, il ne se borne pas qu'à cela. L'intervenant a par exemple la faculté de faciliter via le transfert la capacité des participantes à se livrer et à se faire entendre autrement. Ainsi l'animateur masculin a-t-il notamment l'aptitude à permettre aux participantes d'expérimenter une autre façon d'être en relation avec un homme. Comme dans les groupes d'hommes, ces femmes ont subi de la violence. Notre travail a consisté en partie à reconnaître cette violence subie afin de leur permettre d'accéder à la responsabilité de leurs actes. Une présence masculine dans le groupe a fait partie du processus de reconnaissance, de réparation, de restauration d'une image positive. En effet, au-delà de l'animateur en tant que tel, c'est le « regard » d'un homme, le « positionnement » d'un homme à leur égard qu'elles ont expérimenté de façon plus positive ; de plus, leur positionnement par rapport à un homme, l'animateur support de projections a pu être travaillé dans l'ici et maintenant de la séance. Les participantes « ont besoin de la confiance des membres du groupe, de se sentir épaulées et responsabilisées, mais aussi d'être entendues dans leur souffrance passée et actuelle »[12].

Plusieurs thèmes ont pu être abordés en lien avec la difficulté de mettre ses limites et de respecter celles de l'autre (que ce soit le compagnon ou l'enfant). Beaucoup de ces femmes étaient dans le « tout ou rien » : l'enfant que l'on frappe ou que l'on délaisse parce qu'il travaille mal à l'école, le compagnon que l'on agresse pour tester son amour ou sa supposée robustesse…

Vingt-deux femmes qui ont déposé dans un groupe de paires leurs souffrances, leurs questionnements et qui ont, comme le

12. Broué J. et Guèvremont C., *Blessures d'amour*, Montréal, publié à compte d'auteurs, 2002, p. 67.

font les hommes dans les groupes d'hommes, problématisé leur violence afin de recouvrer la liberté de se vivre dans l'acceptation des limites qu'impose le respect de soi-même et des autres.

4 Conclusion

Peu à peu, le nombre de participantes a diminué et le groupe a dû fermer. Nous nous interrogeons encore aujourd'hui sur cette diminution de dossiers envoyés par la Justice. Qu'est-ce qui fait que ces femmes n'ont plus été adressées vers nos services ? Les services de médiation pénale et de probation orientent-ils les femmes vers d'autres structures (peut-être des aides individuelles) ? La Justice qualifie-t-elle les faits de violence différemment si un acte est commis par un homme ou une femme, ce qui tarit le nombre de dossiers envoyés en médiation pénale ou en probation ?

Nous aimerions pouvoir proposer à nouveau le dispositif du groupe aux femmes qui s'adressent à nous. Dans cette optique, nous devrions reprendre un travail d'information auprès de nos partenaires de façon plus systématisée et sur le long terme. Des éléments de réponse aux questions posées ci-dessus nous aideraient à orienter notre action de façon plus optimale. Par ailleurs, nous devons tenir compte d'un facteur important : nombre des participantes du groupe rencontraient des problèmes de garde pour leur enfant. Isolées socialement ou aux prises avec des difficultés financières, elles ne pouvaient dès lors pas se présenter au groupe afin de garder leur(s) enfant(s). Réitérer l'expérience du groupe de femme ne pourrait se faire sans intégrer cette nécessité de garde d'enfant.

L'expérience du groupe de femmes a été riche en réflexions tant sur la problématique de la violence en tant que telle que sur la population qui l'exerçait. Réfléchir sur la violence des femmes nous a amenés à repenser aussi la violence des hommes et à aborder aussi l'angle social dans lequel nos pratiques s'inscrivent. Ainsi, nous avons dû être attentifs à un écueil : ne pas « sur »-victimiser ces femmes mais reconnaître leur statut de victime lorsque c'était le cas et les responsabiliser par rapport à leurs comportements violents.

Valérie MARTIN et Olivier ANTOINE, 2012

BIBLIOGRAPHIE

BROUÉ J. et GUÈVREMONT C., *Blessures d'amour*, Montréal, publié à compte d'auteurs, 2002.

CASSIN R., « Roadmovie », *La Cause freudienne/Nouvelle Revue de Psychanalyse*, 02/2005, n° 59, pp. 33-36.

DELISLE L., avec la collaboration de Broué J., « Rompre le secret », in Broué J. et Guèvremont C. (dir.), *Intervenir auprès des conjoints violents*, Montréal, Éditions Saint-Martin, 1999, pp. 69-73.

HIRIGOYEN M.-F., *Femmes sous emprise : les ressorts de la violence dans le couple*, Paris, Oh ! Éditions, 2005.

KRINGS M., *Une adresse à la parole*, Actes du colloque du 3 mai 2003 de l'association des forums du champ lacanien de Wallonie, Belgique.

ROY V. et MEUNIER V., « Intervenir auprès des conjoints violents : les enjeux posés aux intervenantes », *Intervention*, n° 112, automne-hiver 2000, p. 92.

RUEL S., « La violence des femmes - derrière le masque », *La Gazette des femmes*, 1er novembre 1998.

La multiculturalité dans les groupes d'auteurs de violences conjugales et intrafamiliales

Anne JACOB[1], psychologue, thérapeute (avec la contribution d'Ariane Jodogne, psychologue)

RÉSUMÉ

Les groupes d'auteurs de violences conjugales et intrafamiliales qui sont accompagnés par Praxis comptent en leur sein nombre de personnes d'origine étrangère. Ces participants enrichissent ou interpellent les groupes par leurs différences et invitent les intervenants à questionner ces dernières, à pouvoir les comprendre, en regard de leur culture d'origine, tout en poursuivant l'objectif de responsabilisation s'inscrivant dans le cadre de la loi belge. Les intervenants livrent ici leurs observations, que ces dernières portent sur les difficultés ou les richesses du travail avec les groupes multiculturels.

Mots-clés : multiculturalité - origine culturelle - violence - couple - famille - croyances - représentations

1. Licenciée en psychologie sociale (ULg 1984), animatrice dynamicienne de groupe (CDGAI, 1989), formée en psychothérapie (Institut Gregory Bateson 1999-2005), thérapies brèves et stratégiques, Anne Jacob assure la co-direction de l'asbl Praxis depuis janvier 2012.

Précautions

Ce texte est le fruit d'un travail réalisé par trois intervenants[2] de Praxis, qui en compte dix-neuf. Ces intervenants ont choisi de participer à son élaboration parce qu'ils animent, à Bruxelles ou à Verviers, des groupes composés de participants d'origines culturelles diverses. L'accompagnement de ces groupes a suscité chez eux un intérêt pour la question de la multiculturalité dans les groupes.

Ils ont dès lors partagé leurs observations, recoupé celles-ci, et ont pu faire émerger des constantes, des similitudes, des difficultés et des richesses dans le travail avec ces usagers.

Cet article n'a donc ni la prétention ni l'ambition de servir de base à la formulation d'hypothèses sur la multiculturalité. Un seul ouvrage nous a servi de référence pour donner un sens à certains constats et approcher la notion de culture. Il s'agit de l'ouvrage de Daniel Schurmans, *Le diable et le bon sens. Psychiatrie anthropologique de l'Afrique Noire à L'Europe*, Paris, L'Harmattan, 1994.

Ce texte est la retranscription écrite de l'intervention orale réalisée par ces intervenants au cours de la journée d'étude du 21 septembre 2012 organisée par Praxis à Bruxelles.

1 Les usagers nous convoquent à la réflexion

Yacine, participant à un de nos groupes à Bruxelles, nous dit : « On voit que la violence peut être influencée par notre éducation, nos croyances, bref, la culture... J'aimerais, un jour, qu'on parle de culture ici ». Nous voilà mis à la tâche !

Pourquoi avoir choisi de parler de multiculturalité aujourd'hui ? Parce que tout simplement il s'agit de parler de notre réalité quotidienne. Nous ne prétendons pas ici à une revue

2. Madame Ariane Jodogne, psychologue, anime des groupes à Praxis à Verviers et Liège. Monsieur Mathieu Roussel, psychologue, anime des groupes à Praxis à Bruxelles et Nivelles.

exhaustive des concepts et de la littérature pour approcher cette notion complexe.

Il s'agit de partager notre regard sur cette réalité, en l'évoquant à la fois du point de vue des participants mais aussi du point de vue des intervenants.

Nous souhaitons donc faire part des richesses et des difficultés qui sont celles des intervenants et des participants dans le travail quotidien avec des groupes multiculturels.

Nous vous présenterons la trajectoire d'un participant : Jean, issu du Congo. Cette trajectoire est présentée en annexe de texte. Cet article sera par ailleurs illustré d'observations récentes.

En quoi le travail de responsabilisation en groupe est-il plus riche, plus difficile, ou tout simplement différent parce que nos groupes bruxellois, (les autres dans une moindre proportion), sont mixtes, hétérogènes, riches de différences ?

Ils le sont évidemment à d'autres égards. Un jeune faisant partie d'une bande urbaine, intégré dans un groupe comptant en son sein un homme de soixante ans, marié depuis trente ans, interroge aussi la différence. La difficulté de créer un espace de travail commun, permettant les résonances au sein d'un groupe d'auteurs, n'est peut-être pas moins compliqué.

Nous sommes confrontés à des différences autres que celles de la nationalité ou de la religion, mais dans ce propos et ce texte, il sera question de la culture en lien avec une histoire de migration. Notre intervention parle de personnes venues d'ailleurs, mais surtout de personnes marquées ou imprégnées de leur culture d'origine. La différence peut être amplifiée dans les représentations par le fait que les personnes viennent de loin et affichent parfois cet ailleurs par une habitude vestimentaire ou esthétique moins commune à nos yeux.

2 Pour parler de multiculturalité, il faut définir la notion de culture

En guise de cadrage, nous reprendrons les mots de Dan Schurmans. Ce psychiatre belge a été médecin-chef du service de psychiatrie de l'Hôpital Saint Louis au Sénégal et chef de service à l'hôpital psychiatrique de Lierneux. Il a donné ses lettres de noblesse en Belgique à l'ethnopsychiatrie. « La culture apparaît à la fois comme accumulation de valeurs (et à ce titre elle est dépendante des processus historiques), et comme un système structurant la vie sociale. Elle nous apparaît, dit Dan Schurmans, sous les figures antagonistes d'un dépôt à conserver, et à défendre contre les entreprises de déculturation, et d'un processus de développement, qui justifie et illustre l'idée de progrès continu des sociétés humaines ».

Et il risque cette définition : « La culture est un système (doté de cohérence) intégrant tous les actes, gestes, paroles, croyances, concepts auxquels un groupe donné confère un sens suffisamment homogène pour qu'une communication puisse s'instaurer à partir de lui ».

Dans les groupes multiculturels, nous sommes donc amenés à comprendre et à intégrer différents sous-systèmes qui sont aussi des systèmes de justifications en matière de violence conjugale et intrafamiliale.

Nous observons une différence entre les groupes où un seul participant est d'origine étrangère et les groupes ou plusieurs sont issus de la même culture. Dans le premier cas, le participant porte sans doute davantage sur ses épaules le fait de rejoindre les autres, de s'inclure plutôt que d'être inclus. Dans les groupes où plusieurs personnes partagent la même culture d'origine, les processus de communication et de compréhension entre sous-groupes sont plus complexes, et le processus de responsabilisation peut être ralenti pour tous, par le soutien que chacun peut recevoir de son sous-groupe. L'exemple qui suit illustre ces propos : lors d'un groupe fermé qui comptait en son sein trois personnes d'origine marocaine et arabophone, des échanges entre eux se produisaient régulièrement en arabe, pour expliquer une nuance ou aider l'un d'entre eux à comprendre le recadrage ou l'interprétation d'un intervenant. Ces échanges se terminaient régulièrement par « chez nous, c'est comme cela », et entraînait souvent la réaction de l'autre sous-groupe.

3 Avec quelle population multiculturelle travaillons-nous ?

Photographie instantanée du 1er semestre 2012

Arrondissement	Pourcentage de personnes d'origine étrangère	
Arrondissements de Mons et Charleroi	7 %	95 % des participants d'origine étrangère sont issus d'Afrique du nord (Maroc, Algérie, Tunisie) ou d'Afrique centrale (Congo, Rwanda, Burundi, Côte d'Ivoire)
Arrondissement de Verviers	12 %	
Arrondissement de Liège et Huy	13,5 %	
Arrondissement de Bruxelles	45 %	

La fiche d'inscription reçue de la maison de Justice ne nous permet pas de savoir quelle histoire nous allons rencontrer. À partir du nom, il n'est pas possible de savoir si la personne est un primo arrivant ou s'il est issu de la seconde ou troisième génération.

Nous ne connaissons vraiment les participants que lorsqu'ils sont entrés dans un groupe et que nous avons entamé le travail de création du lien, le travail d'exploration des faits de violence, dans un contexte familial et déjà culturel.

Les entretiens préliminaires nous permettent d'évaluer le niveau de français des personnes envoyées chez Praxis. Nous sommes contraints de refuser les personnes qui ont besoin d'un traducteur pour communiquer. Nous acceptons les participants qui ont un niveau de compréhension orale de base, et qui souvent ne maîtrisent pas la langue écrite. Cela nous amène à adapter certains de nos outils qui utilisent la langue écrite tels que le Journal de Responsabilisation.

Un de nos critères d'acceptation est aussi une reconnaissance minimale des faits de violence. Nous verrons cependant, à travers le cas de Driss, combien l'intuition d'un intervenant lors des entretiens préliminaires peut s'avérer juste quant à la possibilité d'une responsabilisation, même si une reconnaissance minimale des faits de violence n'a pas eu lieu lors des deux premiers entretiens.

4 Les différences en question

Quelles sont les différences qui nous interpellent dans le discours de ces participants ? Je rappelle qu'il ne s'agit pas ici de modéliser nos propos et de les déclarer justes pour l'ensemble d'un groupe social ou culturel. Ce sont l'occurrence et la fréquence d'observation de telles différences qui ont forgé notre attention et influencé, peut-être ou sans doute, notre mode d'intervention.

4.1. *La notion de (dé)responsabilisation*

Nous observons régulièrement, chez nombre de participants à nos groupes, des explications mentalement très construites pour expliquer l'émergence de la violence et le fait que cette violence se soit exprimée « par-devers soi ». « Ce n'est pas moi qui agissais, dit Henri, mais l'autre Henri, la bête qui coexiste avec le petit Henri ». Ou encore « c'est parce que j'avais bu que cela s'est produit, alors elle m'a provoqué, elle n'aurait pas dû. C'est pas de ma faute ».

La justification n'est certainement pas l'apanage des participants d'ailleurs.

Chez ces derniers, nous observons plus fréquemment cette manière de présenter les choses. Le « j'ai été agi, donc je ne suis pas totalement responsable » est d'avantage présent. « Satan agit sur nos vies, dit Richard, c'est Lui qui m'a poussé ».

On peut retrouver aussi cette vision culturelle de la responsabilité lorsqu'il s'agit de l'avenir. Cela ira, « inchallah », contient la vision de l'aléatoire, de l'influence sur nos vies de quelque chose qui ne nous appartient pas. Nous pressentons que ce mot contient la justification anticipée d'un dérapage ultérieur possible.

4.2. *Exposer son image devant d'autres*

Particulièrement avec nos participants d'origine maghrébine, nous observons une difficulté, une souffrance à exposer les faits de violence tels qu'ils se sont déroulés. Nous sentons plus que chez d'autres les enjeux d'image, la difficulté à se dire, en tant qu'hommes imparfaits ou ayant « fauté » (au moins aux yeux de la Loi belge puisqu'ils sont dans le groupe). Est-ce en lien avec la promesse faite à la mère, qui est celle, en quittant le pays, « d'être meilleur, de le devenir » ?

À cet égard, l'histoire de Driss est illustrative. Il a participé à un groupe fermé. Il a rejoint Praxis dans le cadre d'une médiation. Il a soixante-trois ans. Une longue histoire de couple. Il est arrivé en Belgique il y a trente ans. Il se présente comme quelqu'un n'ayant commis aucune violence, juste une petite dispute avec sa femme avec qui il est marié depuis trente-cinq ans. Driss respectera les règles du groupe. Dans ce groupe fermé-là, il était le seul participant « d'ailleurs ».

Il fera à mi-cycle l'objet de blagues racistes et les deux intervenants seront amenés à intervenir face à ce passage à l'acte « violent », et à travailler cet incident dans le groupe. Cette protection apportée lui permettra sans doute de nous donner sa confiance et de faire alliance avec les intervenants. Il ira jusqu'au bout des quarante-deux heures, mais passera à sa manière entre les mailles du filet. Son récit se fera sur le même ton, très minimal, et les faits resteront jusqu'au bout « une petite dispute de couple ».

Lors de l'entretien de clôture, sollicité par l'assistante de Justice, Driss exprimera toute sa satisfaction d'avoir participé au cycle de Praxis.

Cinq minutes avant la clôture de cet entretien, Driss nous surprendra en disant « En tout cas, je ne frapperai plus jamais sur ma femme ». Sur le fil, il acceptera l'existence des faits, utilisera pour la première fois le mot frapper. Nous avons bien fait d'accepter et de garder Driss dans le groupe…

Les participants d'origine belge décrivent souvent leur famille en faisant spontanément référence au noyau de base (même s'il s'agit d'une famille recomposée). L'impact des faits de violence conjugale sur les ascendants ou membres de la famille élargie n'est généralement évoqué que lorsque l'intervenant invite à y réfléchir. Chez nos participants d'ailleurs, il apparaît que la notion de famille est différente, et que le fait de violence commis touche tout le monde dans le système familial, en particulier les parents, même s'ils résident loin.

Un fait de violence agi en Belgique, mais surtout judiciarisé, entraîne la honte de toute une famille. Cela peut expliquer une forme de réticence aux moments des dévoilements qui sont sollicités lors du récit, ou une forme de protection de son image, mais derrière cette attitude, il existe la protection de la réputation et l'honneur de la famille.

4.3. *Utiliser la religion et la loi du pays d'origine*

Nous observons que nos participants d'ailleurs ne connaissent pas toujours « la religion » mais peuvent l'utiliser autrement et abondamment. Ils introduisent plus que d'autres dans l'espace du groupe des mots tels que Dieu, diable, Satan, prière, pardon. Étonnamment, ils ont beaucoup moins de difficulté à se différencier sur ce plan au sein d'un groupe. C'est d'autant plus observable qu'ils y sont en nombre. Beaucoup consultent un imam ou une figure de référence religieuse, un peu à la manière d'un coach, à qui ils parlent du groupe, de leur couple, mais à qui ils peuvent aussi demander les règles de comportement au sein du groupe. Un imam avait recommandé à Mohamed de ne pas serrer la main des deux femmes qui animaient le groupe. Une convention sur la manière de se dire bonjour a alors été passée avec lui, mais l'existence d'un bonjour a été maintenue. L'intervenant est amené à travailler sur le fil entre confrontation et soutien. Comment créer et garder le lien tout en ne dérogeant pas sur le cadre (on se respecte en se saluant tous au début d'une séance de groupe) ?

Un de nos participants ivoirien évoquait l'envoûtement dont sa femme faisait l'objet, ce qui donnait à sa femme « le mauvais œil», et justifiait à la fois ses propres pertes de contrôle et son besoin régulier de s'alcooliser en dehors de chez lui.

Les intervenants animateurs sont habitués à entendre et relever les justifications de la violence dans le discours des participants. Ici, les justifications sont de nature différente et peuvent donc être plus difficiles à percevoir ou démonter. La loi du pays d'origine est évoquée: «Chez nous, frapper un enfant avec une ceinture est permis. Cela ne pose pas de problème, car c'est comme cela qu'on fait qu'un enfant respecte sa mère. Aucune loi ne punit cela au Maroc», dit Mohamed. Au prononcé de ces paroles dans le groupe, aucun des deux autres participants maghrébins ne réagit.

Nous observons que les différences interculturelles sont alors maximisées alors que la différence intra-culturelle est minimisée. Ce sont dès lors les intervenants qui doivent permettre que la différence s'élabore entre les participants partageant la même référence culturelle.

Ces participants, vivant généralement dans une sous-culture minoritaire et discriminée, expriment régulièrement la tension entre leur sous-culture et la Loi belge.

Le participant amène ici aussi l'élément culturel dans son discours (importance du respect de la mère), tout autant qu'une justification. Il s'agit bien entendu pour l'intervenant de ne pas acheter le discours tout fait comme une justification du comportement violent.

Tout en étant attentifs à rappeler la loi unique pour tous dans le groupe, les intervenants auront cependant aussi à amener le groupe à se pencher sur ce que signifie «respecter une mère» pour chacun des participants dans le groupe, au-delà des origines culturelles de chacun...

5 Différences et ressemblances : en quoi la multiculturalité renvoie l'intervenant à lui-même ?

Le travail d'un intervenant est un travail d'ethnologue ou d'explorateur confronté à un fonctionnement humain, qu'il devrait a priori considérer à chaque fois comme inédit. Il s'agit d'abord d'observer et de comprendre ce qui fait la logique du comportement aux yeux de l'individu qui l'agit. Cette position de l'intervenant, par définition non jugeant, est celle qui permet la rencontre et la création du lien avec l'autre. Il s'agit dans tous les cas de comprendre l'économie du système et la fonction que tient l'interaction violente dans le cadre d'une relation intime. Mais l'intervenant fait néanmoins partie ici du système culturel d'une majorité des sujets avec lesquels il travaille. Cela rend sa position d'ethnologue plus fragile.

Cette position d'ethnologue est probablement plus difficile lorsqu'il s'agit d'entendre les récits ou explications de nos participants d'ailleurs. Nous avons observé que le temps était plus long pour se mettre d'accord sur la signification d'un mot et le corpus de vocabulaire commun. Un exemple précis : dans la langue arabe, le concept de « viol entre époux » n'existe pas. Il n'est pas non plus punissable dans de nombreux pays d'origine de nos participants, comme il l'est en Belgique depuis 1980. Dans ce contexte, la définition même de ce qu'est la violence sexuelle au sein d'un couple peut prendre du temps, à l'explication et à la compréhension. La stupéfaction peut se lire sur certains visages lorsqu'un participant d'ici explique qu'il se trouve condamné pour avoir imposé un rapport sexuel à son épouse. Le même étonnement se lit sur les visages lorsqu'un participant évoque sa bigamie. Aussitôt, les représentations du couple sont évoquées au sein du groupe. Certains participants d'ici peuvent dévoiler une « double vie ». Dans tous les cas de figure, l'intervenant invite à faire les liens avec la violence conjugale.

Dans un groupe multiculturel, le temps pour se mettre d'accord sur le sens des mots et des réalités qu'ils façonnent dans les têtes de chacun sera nécessairement plus long pour le groupe, mais indispensable au travail de compréhension et d'interpellations mutuelles que nous prétendons modestement mettre en place.

La connaissance plus fine et plus complète des différentes cultures qui composent le groupe nous parait un gage de plus de professionnalisme encore, mais surtout une aide au décodage des codes, des positions et des significations amenées par les participants d'ailleurs dans les groupes. Mieux connaître l'autre, même dans ce qui est indicible parce que tellement ancré qu'il ne se conçoit pas comme signifiant, tel est le challenge des intervenants de Praxis, surtout ceux de l'antenne bruxelloise.

6 Richesses du travail multiculturel

Nos groupes se composent également d'hommes belges ayant formé un couple avec des femmes de là-bas. Le travail en groupe peut leur donner des clés de compréhension des difficultés au sein de leur couple, mais leur permet également d'accepter le droit de ces femmes à d'autres schémas de valeurs.

Pour nos participants d'ailleurs, le groupe est souvent la première occasion de participer à un groupe d'hommes structuré et durable (vingt et une semaines), leur permettant de faire une expérience d'acceptation par les autres, ainsi que d'acculturation.

À l'inverse, la multiculturalité renouvelle pour tous les occasions de contention, de respect, et de non jugement. Elle sollicite en permanence la capacité de comprendre avant celle de juger. La capacité de nommer des différences et des ressemblances, de faire place et de prendre sa place, davantage que dans des groupes plus homogènes. Les groupes multiculturels peuvent être une occasion de s'ouvrir le cœur, et ils invitent à l'empathie.

La multiculturalité permet d'élargir la définition de la violence : elle est différente d'un pays à l'autre, mais elle est également influencée par l'histoire passée ou récente du pays. La définition de la violence n'a rien d'universel… Comment responsabiliser un participant arrivant de Serbie, ancien militaire, évoquant à demi-mot les atrocités commises et subies, et sa participation à des exactions, sur la question de la violence conjugale ? Une telle histoire sollicite une grande capacité de soutien de la part du groupe, mais aussi ouvre le piège de la relativité des violences commises par chacun. Si la définition de ce qu'est la violence pour chacun s'élargit – et c'est une richesse – elle peut aussi se rétrécir. « Qu'est mon histoire à côté de celle-là ? »

Le spectre des représentations de la violence s'élargit, mais également celui des représentations du couple, de la famille, des rôles sociaux et familiaux des hommes et des femmes.

Le travail au sein de groupe multiculturel ouvre en tout cas des voies de travail supplémentaires en lien avec ces représentations, c'est-à-dire une réinterrogation plus fréquente pour les participants de leurs propres systèmes de croyances.

Vignette clinique

« *Le diable du monde nous apprend une nouvelle langue* », situation de Jean[3]

Nous recevons une fiche d'inscription d'une assistante de Justice nous demandant de rencontrer Monsieur en vue de l'intégrer à un groupe de responsabilisation.

Les informations mentionnées sur la fiche précisent qu'il a une mesure probatoire, qu'il est âgé de 50 ans, d'origine congolaise, marié, père de famille et qu'il travaille. Il a agi de la violence sur sa femme et son fils.

Lors de notre première rencontre, Monsieur est très nerveux, il en veut à l'autorité publique. Il explique qu'il vient suite à un problème avec son fils de 17 ans. Les faits se sont déroulés il y a quatre mois. Il dit : « J'ai un fils qui fume des joints, j'ai demandé de l'aide et maintenant je suis discrédité dans mon autorité par la Justice ».

Monsieur parle d'une bousculade car son fils était rentré à la maison en titubant. Il explique que sa femme et les deux autres enfants présents ont tenté de s'interposer et qu'il les a repoussés. Sa fille, alors âgée de dix-huit ans, a appelé la Police.

3. Cette vignette clinique a été rédigée par Ariane Jodogne, psychologue.

Lors de l'arrivée de la Police, Monsieur dit avoir eu deux pensées : « J'ai compris que je n'étais pas chez moi dans ce pays et j'ai demandé à être incarcéré "puisque je suis un criminel" », dira-t-il. Lorsqu'il évoque ces événements, Monsieur parle vite, est tendu, n'entre pas en communication mais parle seul.

Sur son histoire familiale nous apprenons que Monsieur est arrivé en Belgique il y a vingt-six ans et qu'il est père de six enfants. Les faits concernent son fils cadet. Ce dernier a commencé à avoir de mauvaises fréquentations il y a quatre ans, ce qui a engendré le début des tensions entre père et fils.

Monsieur parle avec colère du système belge, des lois sur la protection des enfants qui font d'eux des enfants qui appellent la Police, qui bénéficient de l'assistanat social et financier.

La deuxième rencontre commence sur le même mode. Monsieur est toujours aussi stressé et pressé. Je tente d'aborder avec lui sa participation à un groupe chez Praxis. Monsieur reconnaît avoir frappé son fils, avoir crié et avoir bousculé les autres membres de la famille.

Monsieur se présente également sous une autre facette : il souffre de diabète et à cause de mes questions il risque de faire de l'hypoglycémie suite à la nervosité que je lui crée.

Il souhaite parler des problèmes d'assuétudes de son fils. Il ne comprend pas pourquoi l'autorité publique lui a enlevé son droit d'éduquer et de recadrer son fils.

Monsieur supporte péniblement la contrainte de la mesure judiciaire et souligne à nouveau son désir premier d'être incarcéré. Selon lui, cette incarcération aurait entraîné son discrédit familial, la perte de son emploi et la preuve « qu'il est le diable du monde ». Il imagine que l'État belge souhaite le discréditer.

Au terme des deux entretiens, je propose à Monsieur, malgré un engagement minimal et beaucoup de résistances, de tenter trois séances de groupe afin d'évaluer si une participation est possible pour lui dans un groupe et accompagné par deux intervenants. Il sera convoqué pour intégrer le groupe, deux mois après les entretiens.

Lors de son entrée dans le groupe, Jean nomme d'emblée sa difficulté culturelle à adopter le tutoiement comme les autres participants. Nous constatons que dans le groupe, il a également des difficultés à ne pas agir ce qu'il pense (exemple : il se lève pendant la séance, fait son test du diabète pendant qu'un participant parle, demande à répondre à son GSM, puis part dans un monologue sur la Justice belge et n'entend ni les questions, ni les réflexions des participants et intervenants).

Lors de cette première séance, nous observons que Jean teste le cadre et qu'il est difficile d'entrer en relation avec lui.

Les séances qui suivent laissent apparaître différents éléments :

Jean connaît un des participants et souligne à quel point celui-ci doit être étonné de le voir ici.

Il peut commencer à interagir sur les situations des autres mais à travers des réponses et non des questions.

Il parle en « nous » et non en « je » ; il généralise et éprouve des difficultés à individualiser, à différencier les situations et les points de vue.

Lors de nos échanges, nous apprenons qu'il a acquis, dans sa représentation et celle de sa famille, le statut d'adulte lors de l'enterrement de son père. Pour lui, être adulte, c'est également pouvoir se nourrir et nourrir les siens.

Lors de son engagement dans le groupe, Jean rappelle que cette démarche de suivi est une obligation, une contrainte à travailler une question qui lui est imposée. Il parle en boucle et amène la notion de violence réactionnelle au comportement de l'autre. Cette position fait écho chez deux participants. Jean peut alors s'étonner que des personnes pensent – ou ont pensé – comme lui.

Au fur et à mesure des séances, il se présente aux nouveaux selon une déclinaison qui nous laisse à penser qu'un travail s'amorce : dans un premier temps, Praxis est une école de la discipline, le faire parler signifie l'amener à la barre ; il est là pour être rééduqué puis, au fil du temps, il dit venir pour écouter les conseils des camarades. En fin de parcours, il parlera du groupe comme d'une famille.

La présence dans le groupe d'un jeune participant ayant agi de la violence sur sa mère, permet à Jean de travailler, d'entendre et de transférer quelque chose de sa relation père/fils.

Petit à petit, il donne également accès à des événements de son quotidien, aux émotions qui y sont associées, mais aussi à ses représentations de la famille : « on ne fait pas appel à l'extérieur pour régler des différends familiaux », du couple : « on ne divorce pas », de la société : « on règle les problèmes de la communauté dans la communauté et avec un médiateur de la communauté ». Il accepte que ces représentations soient travaillées et questionnées par le groupe et les animateurs. Jean s'autorise également à nommer ses limites.

Il s'intéresse aux participants, à leur histoire et fait partie du groupe.

Nous apprenons également qu'il parle de ses séances à sa femme, à ses enfants et à ses amis.

Il parle en « je » dans le groupe. Cette manière de s'exprimer est un grand changement pour lui.

Vers la douzième séance, Jean va demander à travailler une question avec le groupe. Il a reçu un courrier du Centre Public d'Action Sociale lui demandant de contribuer financièrement aux allocations de remplacement de son fils. À cette demande, qu'il trouve inacceptable dans ses représentations, il a choisi de ne pas répondre directement, mais de différer sa réponse après en avoir parlé au groupe. Dans son journal de responsabilisation, journal de bord des émotions et événements de la semaine, lu par les animateurs au début de chaque séance, Jean notera après cette séance qu'il remercie le groupe et « qu'avant il était têtu ».

Jean, qui au départ parlait d'une violence réactionnelle, parle maintenant d'une responsabilité personnelle à 100 % quant à son geste, et d'un contexte à cinquante/cinquante.

Nous constatons que Jean est très régulier et qu'il met chaque semaine les choses en place pour être présent et ce, malgré son travail et sa vie familiale.

Il donne également accès à la dynamique de couple : « Avant on se parlait comme des Africains et maintenant comme des Belges ». Il nomme ainsi ses tentatives d'installer de la communication dans le couple. Il évoque également le sentiment de honte qu'il a ressenti après les faits et la manière dont sa famille posait le regard sur lui (sa petite-fille lui a un jour demandé pourquoi il avait été violent avec Mamy).

Nous constatons un changement de positionnement, une ouverture. Jean met de la nuance dans ses propos et amène des nuances, des questions qu'il mature entre les séances. D'après lui, sa famille constate des changements dans sa manière d'entrer en relation et soutient sa démarche de suivi.

Un autre élément a également été important dans la participation de Jean : il a appris par hasard, dans un café fréquenté par des personnes de sa communauté, que trois d'entre eux ont eu une mesure chez Praxis. Cette prise de conscience qu'il n'était pas le seul de sa communauté à traverser cette expérience lui a permis de pouvoir parler de sa participation à l'extérieur et de continuer à travailler certaines questions hors du groupe. Il investira de plus en plus son journal et parlera « d'un outil qui a comme fonction d'être vrai ». Nous comprendrons que cet outil dont il se saisit lui permet, tel un regard dans le rétroviseur, de relire ses positions précédentes et de pouvoir les réinterroger a posteriori.

Nous constaterons que sur la fin de sa participation, de sa position d'ancien dans le groupe, Jean s'autorisera même à questionner les nouveaux : « tu parles d'un fait, une fois, mais tu feras quoi si il y a de la tension aujourd'hui ? ». Nous constatons ici qu'il a repris à son compte des questions posées par les animateurs du groupe. Il a intégré un type de questionnement et peut maintenant le restituer comme sien. Il utilisera les participants pour amener des questions sur sa relation père/fils. Jean n'est plus dans une position de savoir dans le groupe mais dans la position d'apprendre de l'autre, de leur façon d'avoir été père, fils ou mari. Il retient les réflexions des participants et nous observons que régulièrement il revient sur des phrases qui lui ont été dites et qu'il a continué à mûrir entre les séances. De ces échanges, Jean imagine et espère que son fils aura peut-être un jour, un lieu, où il pourra lui aussi évoquer sa relation à son père. Dans le groupe, Jean pourra également évoquer sa tristesse lors de départ d'anciens (ceci illustre le mode « occidental » de dire les choses) et tel un adulte qui nourrit sa famille, il amènera même de la tarte (cela illustre le mode « congolais » de dire les choses) au groupe pour marquer le départ d'un ancien.

Au fil de sa participation, Jean a accepté la possibilité d'un espace tiers où l'on parle de la vie privée, en dehors de la communauté. Il a pu se retrouver dans les autres membres du groupe non pas autour du signifiant « communauté » mais autour de l'ambivalence par rapport à la mesure, autour du signifiant « groupe d'auteurs Praxis » mais également autour de la fonction de patriarche et du rôle de père.

Jean a su se réapproprier Praxis. Il nous a inclus, nous a intégrés, nous faisons maintenant partie de sa communauté et il peut nous percevoir comme une ressource pour d'autres membres de cette communauté.

7 Conclusion

Si le travail avec des usagers d'origine étrangère sollicite les intervenants et les groupes dont ils font partie, et réciproquement, il présente aussi une source de réflexion et de remise en question pour ceux qui accompagnent les groupes d'auteurs.

Prendre conscience de son impact sur un usager ou un groupe, mais aussi prendre conscience des impacts de chacun et du groupe sur soi-même est une aptitude qui doit être développée par chaque intervenant. La dimension culturelle ne simplifie pas ce travail, cependant elle peut aussi l'enrichir. Nos participants d'ailleurs sont une invitation permanente à la remise en question au sein des groupes, et pour les intervenants qui les accompagnent, à développer leurs clés de compréhension des cultures d'ailleurs afin d'accompagner finement le processus de responsabilisation.

Anne JACOB, 2012

Postface
Une expérience de supervision

Patrick **DE NEUTER**[1]

Il y a de multiples façons de concevoir la supervision. Elle peut être individuelle ou de groupe. Elle peut être centrée sur la personne des usagers[2], sur leur maladie ou leur symptôme ou bien sur les interventions et non-interventions de l'intervenant[3], sur ses contre-transferts, voire sur son transfert. Enfin elle peut être de groupe ou en groupe. À Praxis, il m'avait été demandé d'assurer le fonctionnement d'un groupe de supervision, ce que j'ai fait pendant deux ans.

Il me semble important de préciser dès à présent que cette possibilité avait été offerte à l'ensemble des membres de l'institution mais qu'ils étaient libres d'y participer, que les participants se réunissaient pendant leurs heures de travail et que les honoraires du superviseur étaient entièrement pris en charge par l'institution[4].

1. Psychanalyste (Espace analytique), directeur du Centre de formation aux cliniques psychanalytiques (Formation continue de la faculté de Médecine de l'Université de Louvain).

2. Par « usager », je désignerai les auteurs de violences conjugales qui ont adressé une demande de participation à l'un des groupes de Praxis suite à un jugement soit encore, spontanément.

3. Par intervenant, je désignerai les membres du personnel de Praxis, responsables ou plus exactement coresponsables du bon fonctionnement d'un des groupes de Praxis.

4. Dans certaines institutions, les participants interviennent partiellement dans le paiement des honoraire du superviseur.

En guise d'introduction

Je n'ai pas encore trouvé de meilleur mot que supervision ; il faudrait en créer un. En guise d'introduction, remarquons en effet qu'il est peu adéquat, en tout cas dans une perspective psychanalytique. Dans cette perspective, en effet l'essentiel n'est pas de bien voir, d'examiner adéquatement, de regarder ou de contempler, mais d'écouter et d'entendre adéquatement la personne qui s'adresse à vous. De plus, le « super » de supervision se trouve en contradiction avec l'idée que la formation ne consiste pas à s'en remettre au bon entendre d'un super psy, mais d'acquérir soi-même une meilleure écoute avec l'aide d'un autre ou de plusieurs autres, quand il s'agit de groupe. Cela ne veut pas dire que le superviseur doit se taire, mais qu'il doit laisser beaucoup de temps et d'espace à la parole de ceux qui demandent « supervision » qui doivent rester le vrai acteur de leur pratique. Néanmoins, si le superviseur doit savoir se taire, il doit aussi savoir prendre la parole, ni trop tôt, ni trop tard, de telle sorte que cette expérience de formation continuée devienne une expérience de coconstruction.

Cela étant, considérons les deux options possibles.

Se centrer, en groupe, sur la personne du patient, ici la personne des usagers, permet de revoir les hypothèses théoriques explicites ou implicites de l'intervenant, à propos de tel ou tel usager, de son couple et de ses actes violents. Le partage des écoutes, et donc leur confrontation, induit l'élargissement des écoutes de chacun, tandis que le partage des interventions permet le questionnement des habitudes, des théories sous-jacentes et un élargissement de l'éventail des interventions devenant possibles. Les théories ainsi revisitées et explicitées à d'autres s'en trouvent mieux intégrées, tandis que cette écoute de soi par les autres, lorsqu'elle est bienveillante, accroît les capacités d'autocritique et de réflexion sur son écoute et ses interventions, et donc aussi sur ses contre-transferts et transferts.

Qu'est-ce que j'entends par transfert et contre-transfert de l'intervenant ? Pour le dire schématiquement, j'entends par contre-transfert les réactions affectives ou autres d'un intervenant aux transferts des usagers, tandis que par transfert des intervenants, j'entends l'ensemble de ses a priori théoriques ou subjectifs concernant les usagers. Comme nous le savons, les théories sont multiples, bien que l'on puisse les regrouper en quatre grands groupes : théories systémiques, cognitivo-comportementales, humanistes-existentielles et psychanalytiques. Ces diverses théories orientent, de façon plus ou moins adéquate, notre écoute et nos interventions. Elles ont des buts et des effets différents. Les aspects subjectifs de ces transferts concernent essentiellement les fantasmes fondamentaux que l'intervenant tente inconsciemment de satisfaire avec sa pratique professionnelle : fantasme du guérisseur de l'homme violent (le père ?), fantasme du défenseur de la femme opprimée (la mère ?), curiosité suscitée par l'acte délinquant, fantasme du pédagogue ou du médiateur conjugal. Ceci n'est évidemment pas à travailler dans des groupes de supervision, mais pour avoir une écoute pas trop biaisée par ces transferts, il est utile de les avoir découverts dans une expérience analytique individuelle. Par contre, ce qui peut être pointé et travaillé, ce sont les a priori théoriques qui parasitent inadéquatement la pratique. Une recherche sur les effets des thérapies analytiques publiée en 2001 a démontré que les échecs thérapeutiques étaient le fait de psychanalystes qui n'avaient pas assez d'empathie avec leur analysant et qui avaient un rapport rigide à la théorie au détriment de l'écoute du patient[5].

Par contre, le contre-transfert à l'égard des usagers peut être abordé dans le groupe de supervision, à condition cependant que la bienveillance y soit présente et qu'un pacte soit explicitement conclu. Par ce pacte, les participants s'engagent au secret et au non-usage de ce qui se dit dans le groupe à l'extérieur du groupe, notamment dans l'institution. Ce pacte concerne aussi évidemment le « superviseur » qui le conclut avec le groupe, avec l'accord de la direction.

5. Leuzinger-Bohleber M. et coll., « How to study the "quality of psychoanalytic treatments" and their long-term effects on patients well-being: a representative, multi-perpective folow-up study », *Int. J. Psychoanal.*, 84, 2003, pp. 269-290.

Notre option de départ fut de ne pas nous engager dans cette voie plus difficile de la supervision orientée sur les contre-transferts des intervenants à l'égard des usagers, mais de nous centrer sur la personne des usagers. Il y avait plusieurs raisons à ce choix. Le premier étant que nous travaillions avec des participants qui étaient amenés à se revoir en dehors des séances de groupe et que nous voulions éviter que la prise en compte de leur contre-transfert ait des effets négatifs pour eux dans l'institution. La seconde raison était le nombre trop élevé des participants, une petite quinzaine, ce qui ne facilite pas l'implication personnelle. Une troisième raison fut l'impossibilité dans laquelle je me trouvais d'évaluer le niveau de confiance réciproque et de conflits préexistants entre les participants du fait de leur participation à la vie institutionnelle.

Chaque séance était préparée par l'envoi par mail à chacun des participants d'une situation clinique proposée, document incluant les questions que se posait l'intervenant. La seconde partie de la séance était réservée au traitement « à chaud » de situations plus récentes posant problème à l'un ou l'autre des participants.

Après quelque temps de fonctionnement, une tension se fit jour entre ceux qui étaient satisfaits de cet abord des choses ou qui voulaient que soit accentué un enseignement théorique à partir de la situation clinique et d'autres qui « voulaient aller plus loin ». Ces derniers souhaitaient que soient abordés ce que j'ai appelé les contre-transferts en désignant par là les difficultés liées aux réactions affectives aux paroles et aux actes ainsi qu'aux transferts des usagers.

Pour diverses raisons, impossibles à analyser ici de façon systématique, le groupe compta plusieurs abandons. Pour les uns, il s'agissait d'horaires devenus incompatibles, pour d'autres d'une insatisfaction quant à l'orientation théorique (trop ou pas assez analytique), d'autres encore expliquèrent leur abandon par des conflits à l'extérieur du groupe de supervision avec un membre du groupe. Quoi qu'il en soit, la seconde année de fonctionnement, le groupe était passé d'une quinzaine à une petite dizaine de participants et le courant de ceux qui souhaitaient plus d'implication personnelle est devenu majoritaire. Il semble que le nombre réduit de participants ait induit cette option chez certains qui n'y étaient pas favorables l'année précédente, entre autres précisément, pour des raisons de nombre.

Suivant le mouvement et estimant que la bienveillance de base était suffisamment présente, j'ai proposé au groupe d'envisager davantage cette subjectivité impliquée dans tout travail de ce genre et d'utiliser, lorsque cela me semblait possible et souhaitable, le jeu de rôle, soit dans le but d'investiguer moins rationnellement les pensées et affects de l'usager, notamment en jouant son rôle, soit à d'autres moments, afin d'investiguer les autres interventions possibles, différents participants assumant à tour de rôle dans le jeu, la fonction d'intervenant. Il fallait évidemment repréciser le pacte de discrétion quant aux pensées et affects personnels, voire aux éléments d'histoire personnelle, évoqués au cours de ces séances. Il fallait aussi que l'animateur du groupe s'implique de manière plus personnelle en partageant davantage son savoir acquis par l'expérience, ses questions, ses hypothèses interprétatives, les interventions qu'il tenterait, etc. Cette implication personnelle accrue a été vécue par certains comme ayant été un élément très important dans l'évolution du groupe et dans leur processus de coformation. Ajoutons encore la circularité du processus : la cohésion du groupe permet la mise en jeu des situations travaillées qui, de ce fait, sont envisagées plus « en profondeur » et cette expérience renforce la cohésion du groupe.

Les derniers mois, les turbulences institutionnelles firent irruption dans le groupe de supervision comme dans les groupes des usagers. Celles-ci rendirent impossible la première option qui consistait donc à se centrer sur la seule relation avec les usagers. Les bouleversements induits dans la réalité de la vie professionnelle des participants, à la fois par les changements au niveau de la direction et par les restrictions budgétaires décidées par le ministère subsidiant, intervenaient inévitablement dans la pratique : notamment par la fermeture de certains groupes, le départ de certains intervenants, le changement de localisation d'autres, avec les modifications affectant inévitablement les couples d'intervenants. Il fut alors question de pertes, de deuil à faire, de séparation et de changement d'orientation à accepter. Plusieurs participants y découvrirent le pouvoir libérant de l'expression des pensées et affects liés à ces changements dans ce lieu particulier, à la fois en dedans et en dehors de l'institution. Ces mises en mots et ces confrontations des vécus - parfois fort différents - permirent de vivre autrement les difficultés liées à ces bouleversements institutionnels. C'est dans ce type de fonctionnement que s'est clôturée la deuxième année de travail, à la grande satisfaction des participants qui poursuivirent l'expérience jusqu'au bout. Jusqu'au bout plus une, devrais-je dire, puisque le groupe demanda une séance supplémentaire après le congé de Noël qui devait clôturer le travail et qui était aussi la date pivot des importants changements institutionnels évoqués ci-dessus.

Outre les effets déjà évoqués dans cette expérience de groupe de supervision, certains ont souligné l'établissement d'une distance plus adéquate avec les usagers.

Ils se sont trouvés moins défendus, plus authentiques dans leur animation du groupe des usagers. Dans la rubrique des effets institutionnels, certains ont mentionné une meilleure connaissance de leurs collègues, soit les plus proches comme les coresponsables du groupe (certains couples de thérapeutes faisaient partie de groupe), soit les plus lointains, dans la mesure où le groupe était composé d'intervenants travaillant dans les trois antennes de Praxis (Liège, La Louvière et Bruxelles). Autre découverte à signaler : celle de la possibilité de créer un « langage commun » alors que l'on arrive dans le groupe avec des références théoriques diverses.

Enfin, un mot concernant les effets sur le superviseur. Tout comme son animation du groupe des usagers n'est pas sans effet sur l'intervenant, l'animation d'un groupe de supervision n'est pas sans effet sur le superviseur. Parmi ces effets, je signalerai la modification de ma croyance en la nécessité absolue de l'absence de contrainte pour tout travail visant le changement et la thérapie parce que si la visée des groupes organisés, dans le cadre de Praxis, n'est pas la thérapie, ces groupes ont pour certains des usagers des effets thérapeutiques qui m'ont semblé assez évidents. L'absence de paiement par les usagers – tout comme par les participants du groupe de supervision – s'est révélée être un obstacle bien moins radical que je ne le pensais. J'en ai aussi beaucoup « appris » sur la violence conjugale elle-même par cette rencontre, certes indirecte, mais rencontre quand même, d'hommes violents qui ne s'adressent que très rarement au psychanalyste qui reçoit dans son cabinet privé : ceux qui sont animés par une violence perverse ou psychopathique par exemple. Une chose est ce que l'on apprend par ses lectures, autre chose, ce que l'expérience nous enseigne, fut-ce indirectement, comme ce fut le cas ici. J'ai aussi découvert comment des cliniciens formés dans le cadre d'autres paradigmes que le mien pouvaient imaginer et suggérer des interventions tout à fait adéquates et probablement plus fructueuses que celles auxquelles j'avais moi-même pensé pour les circonstances évoquées. Ce qui m'a conforté dans l'idée que la « supervision » peut être plus fructueuse lorsque la perspective est moins de transmettre un savoir ou un modèle d'intervention que d'en faire « accoucher » les supervisés. Cela étant j'ai aussi été particulièrement sensible au fait que l'engagement personnel du superviseur peut faciliter cette recherche et cette trouvaille par les supervisés. Pour ces diverses raisons, je suis très heureux de m'y être engagé.

Un mot encore sur la coanimation d'un groupe de supervision. J'avais projeté de le coanimer avec une collègue. Celle-ci fut présente aux premières réunions, mais, pour des raisons de santé, elle se trouva dans l'obligation de renoncer à cette activité. Deux ans plus tard, certains évoquèrent encore ce regrettable départ. Et cela se comprend. Quatre oreilles valent plus que deux. Qu'il s'agisse de se centrer sur le cas de l'usager ou sur le contre-transfert de l'intervenant ou encore sur la dynamique qui se noue dans le groupe de supervision. De plus, certains participants accrochent, comme on le dit familièrement, plus à l'un qu'à l'autre et, en tout cas, différemment à l'un et à l'autre, tout comme cela se passe dans le groupe des usagers. Comme le coresponsable dans les groupes d'usagers, la présence d'un cosuperviseur permet une supervision réciproque sur le vif : confrontations enrichissantes des écoutes et interventions respectives. Enfin, le fonctionnement en couple des superviseurs fait écho et peut éclairer le fonctionnement en couple des intervenants sur le lieu de travail : le groupe des usagers. Bien que cette coanimation de la supervision ait un coût, elle n'est pas sans avoir de nombreux avantages.

Post-scriptum

Dernière remarque en guise de post-scriptum. Cette expérience particulière, à la fois dans et hors de l'institution, constitue un lieu privilégié de réflexion approfondie sur les problématiques des usagers d'une part, et du côté des intervenants, sur leur propre subjectivité d'autre part. Dans certaines institutions, on choisit d'organiser une telle formation à l'extérieur de l'institution. On évite ainsi la répercussion dans l'institution de ce qui se vit dans le groupe et inversement, ainsi que les effets dans le groupe de ce qui se vit (mal) dans l'institution. Ceci est particulièrement sensible lorsque des participants ayant des liens hiérarchiques participent au même groupe de supervision. Par contre, lorsque ces groupes de supervisions sont organisés à l'extérieur de l'institution, celle-ci ne bénéficie pas de l'en-plus de connaissance réciproque qui résulte de cette expérience vécue en commun. Mais cet en-plus n'est pas sans risque pour la cohésion de l'institution : la formation d'un sous-groupe animé par une sous-culture institutionnelle particulière. Autre risque : les effets d'envie et de jalousie de ceux et de celles qui, pour une raison ou une autre (horaire, nombre de places limité, incompatibilité d'humeur ou relation hiérarchique avec l'un ou l'autre participant, etc.), ne peuvent pas bénéficier pas cette offre de formation institutionnelle. Ce sont des difficultés que peut rencontrer ce genre d'expérience de supervision à l'intérieur d'une institution. On comprend donc que certains responsables préfèrent mettre en place des lieux et des moments de formation plus accessibles à tous. Mais ces autres lieux et temps ne peuvent porter les mêmes fruits. C'est ce qu'ont souligné plus d'un(e) participant(e)s comparé à d'autres formules qu'ils avaient pu expérimenter.

C'est inévitable : certaines terres sont plus favorables à certaines plantes, d'autres plantes exigent d'autres terrains, d'autres engrais, d'autres ensoleillements. Il faut choisir en fonction de ses objectifs, du fonctionnement de l'institution et... des ressources disponibles.

Patrick De Neuter, 2012

Remerciements

Il y a tous les collègues de l'ombre qui n'auront pas leur nom sur ce livre et qui pourtant étaient bien présents autant lors de la journée d'étude du 21 septembre 2012 que lors de la rédaction de la publication. Ce fut une présence plus que symbolique : vous avez écouté, encouragé, lu et relu, donné des idées, complété, accueilli, contribué, etc., tout en poursuivant les multiples missions quotidiennes que nous avons à remplir. Bravo ! Les remerciements nous permettent, à juste titre, de réunir l'ensemble des intervenants. Par ordre alphabétique : Olivier Antoine, Pascal Bartholomé, Erwin Deroe, Héloïse De Visscher, Valérie Gobert, Fabienne Hodiaumont, Ariane Jodogne, Jérôme Lesage, Vanessa Lybaert, Valérie Martin, Cécile Monville, Frédéric Pouliart, Mathieu Roussel, Bernard Royen, Valérie Triquoit, Julien Watelet. Nous vous remercions, vous formez une belle équipe d'intervenants à Praxis, riche de compétences et de complémentarités.

Évidemment, nous remercions Vincent Libert : pour tout ce qui a été construit, tout ce qui a été transmis et ce qui est encore partagé aujourd'hui.

Au sein d'une association, aucun projet ne se mène sans un budget, une recherche de subside, une comptabilité serrée, un rapport d'activité, etc. Danielle Gémis, responsable administrative et financière et Cathy Bruchansky, comptable ont donc participé à ce livre, qu'elles en soient remerciées.

Nous remercions Valérie Gaillez, secrétaire, pour tout le travail accompli à l'occasion de l'organisation de la journée d'étude du 21 septembre : ta fiabilité et ton sens de l'organisation nous sont précieux.

Sabine Meer-Webb, secrétaire, a rejoint l'équipe en août 2012, dans la phase de finalisation de ce livre. Elle a donc découvert notre métier en corrigeant patiemment toutes les épreuves. Nous la remercions sincèrement pour la rapidité avec laquelle elle s'est mise à l'ouvrage.

Merci encore à Clément Guèvremont et à Patrick De Neuter.

Daphné Stadnik a quitté notre association en 2011 pour voyager et réaliser rêves et projets personnels. Avant de nous quitter, elle avait réalisé un précieux travail d'écriture en vue de l'obtention du titre de psychothérapeute analytique à l'ULB. Nous la remercions d'avoir accepté d'y retravailler pour en extraire un article. Ton professionnalisme et ta belle énergie seront des atouts remarquables pour te réaliser.

Nous remercions enfin tous les hommes et les femmes que nous rencontrons dans notre travail, au sein des groupes de responsabilisation, qui nous accordent leur confiance, qui acceptent de se dévoiler à travers la part la plus sombre d'eux-mêmes et de leurs comportements. Nous espérons vivement avoir traduit l'humanisme qui se dégage de nos temps de rencontres et la dignité qui émerge de votre démarche de responsabilisation.

Cécile Kowal et Anne Jacob, 2012

Table des matières